Compact
コンパクト版 保育者養成シリーズ

谷田貝公昭・石橋哲成 [監修]
髙玉和子・大野地平 [編著]

新版
相談援助

一藝社

監修のことば

　本「保育者養成シリーズ」(全21巻) は、厚生労働省から出ている「教科目の教授内容」(「指定保育士養成施設の教授担当者が教授に当たる際の参考とすること」) に準拠したものである。

　2012年から刊行を開始し、2015年に全巻の完成をみた。おかげさまで、全国の保育士養成の大学・短期大学・専門学校等でテキストとして使われ好評をいただいてきた。

　ところが、2017 (平成29) 年に、「幼稚園教育要領」「保育所保育指針」「幼保連携型認定こども園教育・保育要領」の改訂 (改定) がそろって告示され、2018年4月より施行されることとなった。

　そこで、各巻の編者と著者に、先の3法令と不具合がないかどうか、検討作業をお願いした。不具合のあるものについては、書き改めてもらった。

　よく「教育は結局人にある」といわれる。この場合の人とは、教育を受ける人 (被教育者) を指すのではなく、教育をする人 (教育者) を意味している。すなわち、教育者のいかんによって、その効果が左右されるという趣旨である。そこで、教育を保育に置き換えると、「保育は結局人にある」となり、十分通用するといえる。

　保育学とか教育学とかは、ある意味において、保育者論、教師論であったといってよい。それは、保育・教育を論ずるとき、どうしても保育・教育を行う人、すなわち保育者・教師を論じないわけにはいかないからである。

　今も昔も、保育の成否が保育者の良否にかかっているといってよい。昔と比べて、保育制度が充実し、施設設備が整備され、優れた教材・教

具が開発された今日においても、保育者の重要性に変わりはない。なぜなら、施設等がいかに優れたものであっても、保育者の取り扱い方いかんによっては、無益どころか、誤らせることも起こり得るからである。
　保育者の仕事は、本質的な意味においては、小学校以上の学校の教師と異なるものではない。しかし、対象である被教育者の発達的特質、すなわち、未成熟であるということと、それに伴う発達の可能性が大であるということからくる点に特徴がある。したがって、保育の方法や保育の内容などでも、小学校以上の方法や内容とはかなり異なったものがあるのである。
　したがって、保育者は、乳幼児期の発達上の諸課題とそれを実現させるための諸条件、そして、その働きかけのさまざまな方法を認識していなければならない。そうした面で、本シリーズを役立てていただければ幸いである。

　平成30年3月

監修者　谷田貝公昭
　　　　石橋 哲成

まえがき

　本書は、保育者を目指す人たちが将来保育現場で相談援助を実践することを想定して、コンパクトに解説している。平成27年度から「子供・子育て支援制度」が実施され、さらに、平成29年3月31日に告示された「保育所保育指針」、「幼稚園教育要領」、「幼保連携型認定こども園教育・保育要領」が改定され、施行されている。

　前回の改訂から、保育所を利用している保護者への支援と地域社会の子育て家庭への支援も入り、保育者が子育て家庭の悩みや相談に対し適切に対応することが役割として位置づけられたが、今回はより積極的に地域の子育て家庭に対する支援を拡充、充実させていくことが盛り込まれている。

　保育所等で保育実践する時に、保育に関する専門知識や技術を修得し、それに加えて子育て家庭への支援として保育に関する相談業務が欠かせない。相談援助の方法と技術の基盤となるソーシャルワーク理論を学び、子育ての相談にはケースワーク（個別援助技術）やグループワーク（集団援助技術）などを活用することが求められている。保育・福祉の現場では、直接援助技術であるケースワークやグループワークを用いることが多いため、それらのソーシャルワークの基礎理論と技術を学び、保育現場で活用できるようになることが望まれている。相談を受けた保育者が対象者に真摯に向き合い、その悩みや課題、問題に耳を傾け、その心情に寄り添いながら、一緒に解決の道筋を見出していくことにより、子育て家庭が通常の生活を維持できたり、よりよい生活をしていくことができるようになる。

　社会は時代とともに変化し、そこで暮らす人たちは経済や技術革新の

進歩・発展により、さまざまな価値観や生活様式が生まれている。家庭のあり方も多様化し、子育て家庭の生活もそれぞれ異なってきている。援助する側の保育者は自分の価値観や物の見方・考え方等を基盤としながらも、多様な価値観や考え方をもつ人たちを受け入れ、ともに「子どもの最善の利益」を考え、行動していくことになる。子どもを第一優先とし、子どもの生活基盤である家庭への支援が、子どもの生活や情緒の安定につながることを心にとめて、子育て家庭を支えていくことが重要である。虐待や障害のある子どもなど、支援を必要としている子どもとその家庭に関する具体的な事例や相談面接の展開等、相談援助とはどうあるべきかについて解説している。相談援助において、援助する者と相談する者については、さまざまな名称が用いられているが、本書では、援助する者を「援助者（ワーカー）」、相談する者を「利用者（クライエント）」とした。

　本書は、保育者になるため学んでいる学生のみならず、現場の保育者にとっても活用できる内容となっている。保育者の専門性を高め、子どもとその子育て家庭へのよりよい支援を進めていくための深い学びになるであろうことを願っている。

　平成30年3月

編著者　髙玉和子
大野地平

もくじ

監修のことば　2
まえがき　4

第1章　相談援助とはなにか
　第1節　相談援助の意義 …………………………………………………… 9
　第2節　相談援助の始まりと発展 ………………………………………… 12
　第3節　相談援助の対象と定義 …………………………………………… 14

第2章　相談援助とソーシャルワーク
　第1節　ソーシャルワークの体系 ………………………………………… 17
　第2節　直接援助技術 ……………………………………………………… 18
　第3節　間接援助技術 ……………………………………………………… 19
　第4節　関連援助技術 ……………………………………………………… 22

第3章　家族とソーシャルワーク
　第1節　変化する家族 ……………………………………………………… 25
　第2節　母親たちを取り巻く状況 ………………………………………… 27
　第3節　保護者に対するソーシャルワーク ……………………………… 29

第4章　保育における相談援助
　第1節　子どもと地域社会 ………………………………………………… 33
　第2節　保育士の業務と相談援助 ………………………………………… 35
　第3節　子育て相談の最前線である保育所 ……………………………… 37

第5章　相談援助の方法と過程
　第1節　相談援助の方法 …………………………………………………… 41
　第2節　相談援助のアプローチ …………………………………………… 43
　第3節　相談援助の過程 …………………………………………………… 44

第6章　ケースワークの方法と技術

- 第1節　社会福祉と保育士 …………………………………………… 49
- 第2節　保育ソーシャルワークとケースワーク ………………… 50
- 第3節　ケースワークの展開過程 …………………………………… 52
- 第4節　ケースワーカーのラポールと自己覚知 ………………… 55

第7章　グループワークの方法と技術

- 第1節　グループワークとは ………………………………………… 57
- 第2節　グループワークの原則 ……………………………………… 59
- 第3節　グループワークの展開例 …………………………………… 62

第8章　相談援助の基本姿勢

- 第1節　相談援助の原則 ……………………………………………… 65
- 第2節　相談援助に活かすソーシャルワークの技法 …………… 67
- 第3節　自己決定の尊重 ……………………………………………… 70
- 第4節　相談援助に付随する基本的事項 ………………………… 71

第9章　相談援助の専門職

- 第1節　相談援助における専門職との連携 ……………………… 73
- 第2節　多様な専門職、専門機関との連携 ……………………… 75
- 第3節　専門機関との連携－事例分析 …………………………… 76

第10章　相談援助と社会資源

- 第1節　社会資源の理解 ……………………………………………… 81
- 第2節　社会資源の活用と開発 ……………………………………… 84
- 第3節　ワーク ………………………………………………………… 86

第11章　保育所における対応事例

- 第1節　発達が気になる子どもと親への援助 …………………… 89
- 第2節　事例の概要 …………………………………………………… 89

第12章　児童虐待への対応事例

- 第1節　保育所と保育士の役割 ……………………………………… 97
- 第2節　事例 …………………………………………………………… 99
- 第3節　相談援助のプロセス ………………………………………… 100

第13章 児童養護施設における対応事例
- 第1節 児童養護施設とは ……………………………………… 105
- 第2節 児童養護施設における相談援助事例 ………………… 108

第14章 障害児における対応事例
- 第1節 障害のある子どもと親への援助 ……………………… 113

第15章 ロールプレイ・フィールドワーク
- 第1節 ロールプレイの演習 …………………………………… 121
- 第2節 フィールドワークの演習 ……………………………… 126

付録（関連資料）　129

監修者・編著者紹介　　142
執筆者紹介（五十音順）　143

第1章 相談援助とはなにか

第1節 相談援助の意義

1 相談援助とは

　人は誕生してから高齢に至るまで発達していく存在であるといわれているが、一人だけで発達が可能になるわけではない。なぜなら人間は乳幼児期から家族という小集団を始めとして、保育・教育施設、学校、職場、地域社会といった社会集団の中で、人との交互作用を通して成長発達していく。そこにおいては個人の努力などが入ってくることは当然であるが、人との関わりがないままに発達することはない。他者からの刺激や学び、相互交流等を繰り返していくうちに、人間としての行動や心情を育んでいく。

　何も悩まず不安も感じずに成長していく人はまれであるといっていいだろう。一例をあげれば、家庭で養育されていた子どもが4月から保育所や幼稚園に入園したとき、最初は新しい環境や人に戸惑い、泣いたりすることがある。これはこれまでの家庭における愛着対象である親の不在から生じているが、見知らぬ保育の場や保育者がいる環境に慣れないことも関係している。すべての子どもがそうなるとは限らないが、そのような反応は当然であるといえる。

　人が自分の力では解決できない問題を抱えたときに、他者の力を借りて問題に立ち向かうことがより良い結果をもたらすことがある。もちろ

ん家族や友人に相談することもできるだろう。しかし、身近な人の中で相談の専門家がいる場合は少なく、解決には至らないことの方が多いといえよう。家族や友人などへの相談では解決が難しい時に、福祉や保育の相談機関・施設に行くことが早道である。そこにいる専門職の相談員は、専門知識と技術を持っているため、一緒に考えて見通しを立てることにより、これまで一人で抱えていた重荷を下ろすことができ安心することができる。つまり、相談援助とは自分の力やこれまでの知識や経験では解決することが難しい問題を、専門職の相談員がともに一緒に考え、問題の軽減や解決が図れるように支援することである。

2　生活課題と相談の専門職

　人は生活していく中でさまざまな課題を乗り越えていくことになる。皆さんは高校3年生の時、受験をして進学するという大きな課題をクリアし現在大学などの高等教育機関で学んでいる。どこを受験するか、どのような受験形態にするかなど悩んだのではないだろうか。その時支えてくれたのは家族・友人のような私的関係者はもちろんのこと、教育の専門職である高校や塾の先生が相談に乗ってくれたのではないだろうか。就職して社会人になれば、そこで仕事上の悩みが出て、上司や同僚などに話を聞いてもらうこともあるだろう。それでも解決しない労働上の問題であれば、労働問題に詳しい法律家に相談することになる。
　どんな人でも人生を送っていく過程で必然的に変化が伴うものである。これは人間に課された運命ともいえる。子ども時代では乳幼児期の心身の成長発達に関係した悩みや心配などが子どものみならず親の心配事となっている。児童期や青年期ではそれに加え人間関係に悩むことが増えてくるであろう。学校では生徒・学生の悩みや相談に対し、スクールカウンセラーやスクールソーシャルワーカーのような臨床心理士や社会福祉士などの心理や福祉の専門職が相談に応じている。

3 相談援助と子育て支援

　幼稚園や保育所などでも、園長をはじめとして幼稚園教諭や保育士が子育て相談に応じるようになっている。少子化時代に入り、一人ひとりの子どもを大切に育てる配慮が求められており、これからますます子育て相談の重要性が増すことになる。

　2012年に子ども・子育て支援法が制定され、2015年から各自治体で子ども・子育て支援事業計画が策定、実施された。共働き世帯の増加により保育所に入所できない待機児童の解消が喫緊の課題となっているが、それに加えて子育ての不安や負担感を抱える親が増加している。保育サービスを拡充することも重要であるが、地域におけるさまざまな形態の子育て支援が強く求められている。次世代育成支援行動計画から継続して実施されている保育所や幼稚園での子育て相談や、子ども家庭支援センターでの子育てに関する情報提供や相談事業のほか、新たに利用者支援事業が加わった。子育て支援員の育成・充実に努め、児童館などでの子育て講座や子育て広場事業など、地域で各種の子育て支援事業を展開している。

　上記にあげたような子育て支援事業に参加できる親子は、そこで出会う保育の専門職に気軽に直接相談できることで自分の悩みや心配事の解消を図ることができる。しかし、せっかく身近な地域にある子育て支援を利用しない、できない子育て家庭があることも事実である。そのような親子を支援をしていく方法については、後の章で解説する「アウトリーチ」というソーシャルワークのアプローチが有効である。

第2節 相談援助の始まりと発展

1 ソーシャルワークの芽生えと歴史

　ソーシャルワークの端緒は、18世紀のイギリスにおける慈善組織協会（COS=Charity Organization Society、以下COSという）における友愛訪問に見ることができる。エリザベス1世（Elizabeth I　在位 1558 ～ 1603）がイギリスを統一し、産業革命が起り工場制手工業が始まった。毛織物や綿織物生産のため囲い込み（エンクロージャー）が始まり、各領地の農民や農奴が土地を追われ、職を求めて都市に流入し、浮浪者やこじきになり貧困者が増大する。貧しい人々はスラムを形成し、不衛生、治安の悪化から社会不安を引き起こした。国家の救貧対策として「エリザベス救貧法」（1601年）が制定されたが、その救済から漏れる人々も多くいた。

　それらの人たちに手を差し伸べたのが民間の慈善事業であり、これらの団体を組織化し連絡調整したのがCOSである。ボランティアとして富裕層の女性が貧困家庭を訪ね、必要な生活物資を届けながら相談にのっていたが、専門的訓練を受けていなかった。

　アメリカが植民地として開拓された時期に、COSが1877年バッファローに導入された。その後、友愛訪問員は有給の専門職になる。ボルティモアのCOSに就職したメアリー・リッチモンド（Mary E. Richmond 1861 ～ 1928）は、ソーシャルワークを慈善事業の貧困救済方法から、専門性を備えた社会福祉の学問として基礎を築いた。一方、その当時ジェーン・アダムス（Jane Addams　1860 ～ 1935）は、セツルメント運動を推進して貧困世帯の生活改善に尽力し、これが後のグループワーク、コミュニティワークに発展していく。

2　ソーシャルワークの理論化

　リッチモンドは1917年に『社会診断（Social Diagnosis）』を著し、ソーシャルワーク理論を確立した。1922年には『ソーシャル・ケース・ワークとはなにか（What is Social Case Work）』を出版し、ソーシャル・ケース・ワークを「人間と社会環境との間を個別的に、意識的に調整することを通して、パーソナリティを発達させる諸過程から成り立っている」と定義した。社会福祉の専門職教育にも力を入れ、「ケースワークの母」と呼ばれている。

　その後ソーシャル・ケースワーク（以下、ケースワークという）は心理主義に傾斜し、診断派と機能派に分かれ対立をしたが、アプテカーの「力動理論」やパールマンの「問題解決アプローチ」が統合化を図る。1970年代以降は、ジェネラル・ソーシャルワークが登場し、多様化し複雑化した生活問題に対応し、総合的な視点にたって実践できるソーシャルワーカーの教育が重要視されるようになった。また、さまざまなアプローチが誕生し、個々の相談ケースに合わせて対応するようになっている。

3　日本のソーシャルワーク実践

　日本では理論の紹介として、1938年に竹内愛二の『ケース・ウォークの理論と実際』という本が出版された。実践分野では、大正期に民生・児童委員の前身となる岡山県の「済世顧問制度」や大阪府の「方面委員制度」にケースワークを根付かせる試みがあったが定着しなかった。昭和期には浅賀ふさ（1894～1986）による医療分野への導入がなされ、聖路加国際病院で医療ソーシャルワーカーの先駆者として活躍した。

　第二次世界大戦後にGHQにより本格的な導入が始まった。福祉事務所には社会福祉主事、児童相談所に児童福祉司が置かれ、相談業務が課せられることになり、本格的な専門職の養成が始まる。そのほか社会福祉施設や児童福祉施設等の生活指導員や児童指導員、保育士など直接ケ

アにあたる職員も相談業務が伴うため、高等教育機関でソーシャルワークの知識と技術の修得が求められることとなった。現在国家資格として社会福祉士、精神保健福祉士、介護福祉士・介護支援専門員（ケアマネジャー）、保育士が資格化され、社会福祉の専門職として現場での相談業務で利用者支援を行っている。

第3節　相談援助の対象と定義

1　人と環境との関係

　人間と環境の関係はその人の生き方にも影響を与える。環境は人間を取り囲む周囲の世界を指しているが、大別すると「物理的環境」と「社会的環境」に分けられる。物理的環境は、家庭や保育・教育施設、職場などに代表される集団の場であるが、建物や部屋などの構造的部分も入っている。一方、社会的環境は、児童相談所（児童福祉司）や福祉事務所（社会福祉主事）などに代表されるような法制度・専門職を含むフォーマルな社会資源と、個人の私的な関係からなる家族や親族、友人、知人、近隣住民などのインフォーマルな社会資源などを指している。

　悩みや心配事がどのような状況で起きているのかを把握し、その人の心情も理解して心理的に支える側面と、具体的にどのような社会資源を用いて環境調整をしながら解消していくのかは、その個人の抱える課題や問題の性質を見極めて、一緒に解決していくことが必要である。

2　利用者と援助者との関係

　対人援助の関係においては、常に相手と自分との関係が対等であることを念頭に置いておくことが大切である。ともすると、相談する利用者（クライエント）は力が弱い、能力がないと考えてしまいがちだが、人間

として難題を抱えているときや困難な事態が続いている状況では本来の自分が発揮できなくなっている。そのため、その人の持つストレングス（強味や長所など）を見つけ、それを生かしていくことが求められる。援助者（ワーカー）は専門知識と技術を持っているが、同じ人間であることを忘れず、利用者の尊厳を大切にし、自尊心を傷つけないような配慮が必要である。

　課題や問題解決に向けて共に歩み、利用者の意見や意向を最大限尊重して話し合いを重ねて、一緒に乗り越える体験を提供していくことにより、利用者は自信を取り戻すことが可能となる。このような支援を受けた利用者は、自分が大切にされている、自分の可能性を信じてくれる他者の存在を身近に感じて、人間性を回復していくことができるのである。

3　ソーシャルワークの定義と専門職の倫理

　国際ソーシャルワーカー連盟（IFSW=International Federation of Social Workers）は、最初のソーシャルワークの定義を1982年に採択したが、時代の変化に伴い、最新の定義は2014年メルボルン総会で「ソーシャルワーク専門職のグローバル定義」として採択された。

　日本で相談援助事業を行う社会福祉士は、ソーシャルワーカーの代表として挙げられる。相談に当たっては個人情報を取り扱うため守秘義務

> 　ソーシャルワークは、社会変革と社会開発、社会的結束、および人びとのエンパワメントと解放を促進する、実践に基づいた専門職であり学問である。社会正義、人権、集団的責任、および多様性尊重の諸原理は、ソーシャルワークの中核をなす。
> 　ソーシャルワークの理論、社会科学、人文学および地域・民族固有の知を基盤として、ソーシャルワークは、生活課題に取り組みウェルビーイングを高めるよう、人々やさまざまな構造に働きかける。この定義は、各国および世界の各地域で展開してもよい。
> 　　　　　　　　＊日本語訳は社会福祉専門職団体協議会国際委員会による

があるなど、専門職としての職業倫理が課せられている。「ソーシャルワーカーの倫理綱領」が定められている。

そのほか、子育て支援で相談業務を行う保育士に課せられた職業倫理として全国社会福祉協議会、全国保育協議会、全国保育士会が定めた「全国保育士会倫理綱領」がある。

【引用・参考文献】

小松源助・山﨑美貴子・田代国次郎・松原康雄『リッチモンドソーシャル・ケースワーク──「社会的診断論」を中心に』(有斐閣新書) 有斐閣、1979年

大塚達雄・澤田健次郎・小田兼三『社会福祉の方法と実際』ミネルヴァ書房、1982年

M.E.Richmond、小松源助訳『ソーシャル・ケース・ワークとはなにか』中央法規、1991年

黒木保博・山辺朗子・倉石哲也『福祉キーワードシリーズ ソーシャルワーク』中央法規、2002年

林邦雄・谷田貝公昭監修、髙玉和子・和田上貴昭編著『相談援助』(保育者養成シリーズ) 一藝社、2012年

林邦雄・谷田貝公昭監修、髙玉和子・和田上貴昭編著『保育相談支援』一藝社、2012年

「ソーシャルワーク専門職のグローバル定義と解説」
〈www.jacsw.or.jp/06_kokusai/IFSW/files/SW_teigi_01705.pdf〉(最終アクセス2018.1.15)

(髙玉和子)

第2章 相談援助とソーシャルワーク

第1節 ソーシャルワークの体系

1 相談援助における留意点

　援助者は、利用者の抱える生活問題の解決を単に肩代わりするわけではない。利用者自身が、主体的にその問題解決に臨み、自立に向かうような支援こそが援助者には求められる。またその際には、利用者が問題解決に取り組むための環境を調整・整備する必要も生まれる。そもそもそのような問題を未然に防ぐための仕組みづくりが可能であれば、予防的な措置を講ずるために地域社会に向けて働きかける必要がある。
　確かに利用者に対する個別支援は現場実践において大きなウエートを占めるが、その支援を確実なものにするためには、利用者の生活を大きな社会的視点でとらえ、必要に応じてさまざまなソーシャルワークの技法を組み合わせ、駆使する必要がある。

2 ソーシャルワークの三つの柱

　ソーシャルワークは社会福祉援助技術と呼ばれ、直接援助技術、間接援助技術、関連援助技術の3つに分けられる。
　直接援助技術は、利用者に対して援助者が直接関わって問題解決や課題達成を図るものである。間接援助技術は、利用者本人に直接働きかけるものではなく、直接援助技術がより効果的に行われることを目的に、

地域社会の組織化や福祉施設の改善など利用者を取り巻く社会環境に働きかける援助技術である。関連援助技術とは、直接援助技術、間接援助技術を補完し、利用者が持つ問題により効果的に対応するため、カウンセリング

図表　ソーシャルワークの体系

- ■ 直接援助技術
  - ケースワーク　　　　　　　（個別援助技術）
  - グループワーク　　　　　　（集団援助技術）

- ■ 間接援助技術
  - コミュニティワーク　　　　（地域援助技術）
  - ソーシャルワークリサーチ　（社会福祉調査法）
  - ソーシャルプランニング　　（社会福祉計画法）
  - ソーシャルアクション　　　（社会活動法）
  - ソーシャル・アドミニストレーション（社会福祉運営管理）

- ■ 関連援助技術
  - カウンセリング
  - ケアマネジメント
  - ネットワーク
  - スーパービジョン
  - コンサルテーション

やコンサルテーションのような分業化した隣接の専門技術を活用したものである。以下、ソーシャルワークの各技法について説明する。

第2節　直接援助技術

1　ケースワーク（個別援助技術）

　ケースワークとは、何らかの生活課題に直面している利用者や家族に対して、社会福祉諸サービスの提供による環境調整を通じ、その問題解決を援助するために援助者が活用するものである。その際には、自身の力や権利に利用者が気付き、主体的に課題解決に取り組めるような関わりが援助者に求められる。
　ケースワークは、ソーシャルワークの基礎的・中核的技術として、利用者の生活課題の解決を個別に援助する方法として追及されてきた。
　ケースワークの役割は、援助者が利用者との面接を中心にした援助過程を展開することにあるが、社会との関係を視点において利用者の課題

解決に取り組む援助技術であるため、より効果的な援助展開を図る意味でグループワークやコミュニティワークといった他の援助技術を併用することもある。

2　グループワーク（集団援助技術）

　グループワークは、生活課題や興味関心を同じくする人々が、人為的あるいは自発的に小集団を作り交流を深める中で、個々の課題解決や成長・発達を目指すことを目的とするものである。

　グループワークに関わる援助者（グループワーカー）は、援助過程を通じて集団の成長、個々のメンバーの課題解決、目標を達成するための支援を行う。メンバーは、援助者に見守られる中での小集団活動を通じて、自らの課題解決に取り組むことになる。このような小集団活動に専門的に関わる援助者が存在し、その者からの意図的な働きかけがあって初めて集団援助技術としてのグループワークが成立する。

　援助者は、メンバーができるだけ主体的に小集団活動に参加できるよう支援するため、グループダイナミクス（集団力動）を活用し、グループの凝集性（グループのまとまり）を高める働きかけを行っていく。

第3節　間接援助技術

1　コミュニティワーク（地域援助技術）

　コミュニティワークとは、地域の福祉課題の解決に対する住民の主体的な取り組みを促し、地域社会づくりに活用される援助技術である。

　具体的には、①地域福祉ニーズ解決機能、②地域社会の組織化機能、③社会資源の連携、開発機能といった力を発揮しながら、住民や公私の機関・団体の連携と組織化、地域社会のニーズの把握、社会資源の開発、

社会福祉計画の立案や運営管理などの展開を図るために活用される。

コミュニティワークの評価は、①タスクゴール（計画の目標の達成度を評価）、②プロセス・ゴール（計画作成の過程での利用者・市民の意識変化を評価）、③リレーションシップ・ゴール（計画の策定を通じた地域社会の変革を評価）といった3つの評価基準で効果が検証される。

2 ソーシャルワークリサーチ（社会福祉調査法）

ソーシャルワークリサーチは社会調査の一応用分野であり、取り組み作業として、現状把握、福祉課題の発見、評価などがある。調査の結果は、福祉計画や施策、福祉サービスの向上などのために活用される。

調査の種類は、大きく量的調査と質的調査とに分けられる。量的調査はアンケート調査に代表される統計調査の実施で、その実施方法は、全数調査（悉皆調査）と標本調査（抽出調査）が検討される。一方、質的調査は主に事例の検討で、調査法には、質問紙法（配票・集合・郵送・個別面接・電話調査）、自由面接法、観察法（非参与的、参与的、統制的）などがある。質問紙法は自記式と他記式に分かれる。さらに調査結果の整理と分析には、図表化（要因関連図・相関図・ソシオグラムなど）、KJ法、GT法（グラウンデッド・セオリー）などが活用される。

3 ソーシャルプランニング（社会福祉計画法）

ソーシャルプランニングは、社会の変動に対応すべく、社会福祉の構築を計画的に実現していくための方法および技術である。

ソーシャルプランニングはまず住民のニーズを把握して、それに対する方法と対応を検討し、計画を策定する。また計画策定のみならず、計画の実施と評価、改善までのプロセスすべてがソーシャルプランニングの対象となる。

ソーシャルプランニングは、近年、超高齢社会への対応から、特に地域福祉を推進する計画的な方法として重要視されるようになってきた。

当初は専門家集団の指導の下に行政が参画する方法が主流であったが、今日では地域福祉計画を代表として地元住民や関係者が広く計画策定に参画して、地域特有のニーズを反映した社会福祉計画が策定されるようになった。

4　ソーシャルアクション（社会活動法）

ソーシャルアクションとは、世論を喚起するなどして立法・行政機関に働きかけ、社会福祉制度やサービスの新設・改善を目指す組織行動およびその方法である。

ソーシャルアクションの方法としては、署名、陳情、請願、デモ活動などがある。さらに最近では、動画投稿サイトやツィッターやフェイスブックといったSNS（ソーシャル・ネットワーキング・サービス）を中心として、ネット媒体を活用した活動も活発となっている。その活動形式は運動の核になる組織や団体によって様々であるが、①住民組織型、②当事者組織型、③専門家組織型、④統合組織型などに分類され、それぞれに特徴のある活動が展開されている。

そもそもソーシャルアクションはコミュニティワークとの関連が深く、地域援助活動を促進するための重要な方法といえる。

5　ソーシャル・アドミニストレーション（社会福祉運営管理）

ソーシャル・アドミニストレーションは、社会福祉サービスを合理的かつ効率的に遂行する過程からなる方法と技術である。

対応の領域としては、広義にとらえれば、国や地方自治体の政策や福祉ニーズへの予算配分、効果測定、福祉における行政の役割などであり、狭義には、社会福祉施設や団体が各々の目的を達成するための運営管理までをも捉える多義的な概念である。

もともとソーシャル・アドミニストレーションは、社会福祉施設を科学的に運営管理する施設管理法として研究されてきた。しかし今日では、

国・地方自治体の社会福祉サービスの供給、計画や実施までを包括する間接援助技術概念として理解されるようになってきた。

第4節 関連援助技術

1 カウンセリング

　カウンセリングとは、社会適応上の問題に直面している利用者に対し、個別的・直接的な面接を通して行われる援助である。援助者との間に受容的、許容的な雰囲気をつくり、利用者が自己洞察を深め人格的に成長できる体制を整えることにより、精神的な問題の克服を目指す。
　カウンセリングは、利用者の行動変容や社会適応を意図して展開される。その特性として、①利用者個人や家族に対して行われ、社会福祉諸サービスの提供を伴わない、②個人の心理やパーソナリティの問題を重視し、環境調整など社会的視点からの援助は行わない、③外在的、対人関係的な問題への対応と解決、調整を図ることを目指す、④専門的で意図を持った会話により援助が進められる、などが挙げられる。

2 ケアマネジメント

　ケアマネジメントとは、地域生活を送る利用者が援助を必要とするときに、最適な社会福祉サービスを効果的かつ迅速に提供し、生活全体への支援を調整することを目的とした方法および技術である。
　ケアマネジメントは、利用者との契約と合意の下に実施される。そして、利用者の問題や生活状況、ニーズの特性、セルフケア能力等の把握を行い、対応する社会資源や提供できるサービスを検討し、サポートネットワークを構成・維持しながら、利用者に合わせた支援を包括的・継続的に提供できるよう調整するものである。

3　ネットワーク

　ネットワークとは、利用者に対して効果的な援助を展開するために、フォーマルあるいはインフォーマルな関係の垣根を越え、利用者を取り巻く人々により援助網を構成することである。過疎地域における単身高齢者の生活見守り支援や、不登校児童の居場所づくりや学習支援、ホームレスに対する生活支援や居住サポートなど、全国各地で様々な取り組みが展開されている。

　在宅生活を行う利用者に対して、安定的で個別的な支援を実現するためには、さまざまな立場の支援者の関わりが必要となる。しかし、実際に多くの者が関わっても、そこでの支援活動がバラバラに実施された状況では支援効果が上がらない可能性がある。そのため、ネットワーキングといわれる支援技術を活用し、フォーマル・インフォーマルを問わず支援者同士がつながり、地域ぐるみの包括的な支援体制、すなわちネットワークの構築が求められるのである。

4　スーパービジョン

　スーパービジョンとは、対人援助実践を行う施設や機関において、実践経験や専門的知識を備えた上級者から、専門職としての助言や指導を必要とする者に対して行われる対人援助法およびその養成過程のことである。なお、スーパービジョンを実施する者をスーパーバイザー、スーパービジョンを受ける者をスーパーバイジーとよぶ。

　スーパーバイジーは、主に自身の実践の検討を通じて、利用者理解やその援助方法、専門職としての視点や役割の確認、思考傾向や価値意識などの整理を行いながら自己理解と専門性を深めることになる。

　スーパービジョンの実施形態としては、「個人スーパービジョン」「グループ・スーパービジョン」「ピア・スーパービジョン」「セルフ・スーパービジョン」などがある。「個人スーパービジョン」が主流ではある

ものの、スーパーバイジーがおかれた職場環境や抱える問題によって実施形態は異なる。

5 コンサルテーション

　コンサルテーションとは、個人やグループ、組織、コミュニティが特定の専門的な領域の知識や技術について助言を得る必要があるとき、その領域の専門職から助言を受け、新しい情報・知識・技術を習得するものである。なお、助言を行う専門家をコンサルタント、援助を必要としている立場をコンサルティと呼ぶ。

　コンサルテーションとスーパービジョンは、一見すると機能が重なる印象を持つが、コンサルタントは管理的機能を持たないため、相談内容に対する解決責任が発生しない。また、コンサルテーションは相談内容にのみ焦点を当てて助言を行い、スーパービジョンのようなスーパーバイジーの問題全般に関わり助言指導するものではないところに相違点がある。

【引用・参考文献】
　林邦雄・谷田貝公昭監修、髙玉和子・和田上貴昭編著『相談援助』(保育者養成シリーズ) 一藝社、2012年
　笠師千恵・小橋明子著『相談援助 保育相談支援』中山書店、2014年
　吉田眞理『社会福祉援助技術』(生活事例からはじめる) 青踏社、2009年
　高橋重宏・山縣文治・才村純編『子ども家庭福祉とソーシャルワーク〔第3刷（補訂）〕』(社会福祉基礎シリーズ⑥児童福祉編) 有斐閣、2003年
　北島英治・副田あけみ・高橋重宏・渡部律子編『ソーシャルワーク実践の基礎理論』(社会福祉基礎シリーズ②社会福祉援助技術論 上) 有斐閣、2005年

（中村卓治）

第3章　家族とソーシャルワーク

第1節　変化する家族

1　家族とは

(1) 定義

　家族と聞いて、皆さんはどのようなイメージを持つだろうか。ほとんどの人が、お父さん、お母さんをまず思い浮かべ、兄弟姉妹のいる人は自分の兄、弟、姉、妹を思い浮かべるかもしれない。中には、おじいさん、おばあさんと暮らしている人は、そこまでイメージを持つかもしれない。このように、家族といえど、人によってさまざまな捉え方があることをまずは理解して頂きたい。

　一方で、家族に関する定義といえば、「**夫婦関係を基礎とした親子・きょうだいなど近親者を主要な構成員とする、感情融合に支えられた、第一次的な福祉追求の集団**」（森岡清美、1967）とされている。感情融合というと難しく感じるかもしれないが、すなわち、喜び、悲しみ、楽しみ、ときとして怒りを家族間で分かち合うということである。

　定義の中で、「第一次的な福祉追求の集団」とあるように、家族が一人ひとりの尊厳を守りながら、同時に構成員にとっての居場所であるといえるのである。

(2) 種類

　家族の種類は、大きく分けると、大家族と核家族に分けられる。大家

族とは、現代日本の場合、祖父母夫婦、親夫婦、子が同居しているパターンが想定されるが、ごく稀に祖父母のきょうだいや親のきょうだい、そしてその子も共に暮らしているケースも存在する。また、大家族を拡大家族という場合もある。

　現代日本では、後者の核家族が主流である。1975年以降、全体の6割が核家族となっている。核家族とは、夫婦1組と、未婚の子からなる家族をいう。さらに、夫婦のみ、ひとり親と子どもという形態も核家族の一種であり、その夫婦のみ、ひとり親と子どもという家族が年々増加している。ひとり親と子どもの形態は、主として父子家庭ないし母子家庭を指し、現在では離婚によって、ひとり親になる場合がほとんどである。なお、離婚を経てひとり親になったものの、再婚するケースもある。こうした家庭を再婚家庭といい、どちらか一方が婚姻歴があることが特徴である。この際に、以前の子どもを連れて再婚し、形成される家族をステップファミリーと呼ぶ。他にも、里親制度によって作られた家族、（主として父）親の単身赴任の増加など、一口に家族といっても、その形態は多様であることが分かる。

2　現代家族が直面する問題

　第二次世界大戦後、日本は経済成長を目標としてきた。その結果、1954年から1973年まで高度経済成長というかたちで、好景気を経験してきた。こうした時代に適合したかたちで登場したのが、性別役割分業の考え方である。男は仕事、女は家事・育児と役割を分担することによって、日本の高度経済成長を支えてきたのである。同時に核家族も目立ち始めた時期でもある。

　しかし、このことによって家事・育児の問題が、女性である母親に責任を負わせるようになる。よく夫が妻を指して、「お前の育て方が悪いから、（子どもは）不良になった」という、いさかいがドラマや小説、果ては日常生活の当たり前の現象として生じるようになる。

これまで大家族では、確かに祖父母の干渉というデメリットの部分が強調されてきたが、実際に、核家族を中心とした現代家族では、家事・育児の問題は母親である女性1人の双肩にかかってきたのである。そして、この弊害はあらゆる場面で見られるようになる。

第2節　母親たちを取り巻く状況

1　家事・育児の多くを担う母親

(1) 母親としての現実

　先述した通り、家族の多様化によって、さまざまな種類の家族が出現してきた。しかし、いかなる家族の形態であれ共通していることは、家事・育児が母親一人の責任としてのしかかっていることである。同時に、子どもにとっても、日中ともに過ごすのは母親のみという現実がある。

　子どもは成長とともに日々変化する。それが良いと思われる方向に進んでいるうちは良いが、時としてそうではないときもある。子どもがけんかをした際に、相手の子どもにけがをさせてしまったとする。こうした事態の際、多くの母親は、自らの子育てに不安を覚えるであろう。そして、不安を訴えることができるのは一緒に暮らしている、子どもにとっては父親である夫になる。いざ夫に子育ての相談を持ちかけると、夫は会社から疲れて帰ってきているからか、取りつくひまもない。こうなると母親は益々追い込まれ、誰にも相談できない、一方で家事・育児の多くの責任を取らされる。これは、現代日本の母親を取り巻く現実の一面といえよう。

(2) 家族機能の低下

　高度経済成長を経験した日本は、1991年～1993年のバブル崩壊を契機に、失われた20年と言われるほどの、景気後退期を迎えることになる。

その結果、母親である女性も働きに出るようになった。確かに、女性の社会進出という側面からみれば、喜ばしいことかもしれないが、その多くの家族が貧困問題を抱え、それ故、母親である女性が働きに出ざるを得ない状況となっている。

共働き夫婦の増加により、子どもは塾、習い事に出かけ（預けられ）、家族と過ごす時間が減少している。それによって、子どもの孤食化、家には寝に帰るためだけの場所という現実が生じる。しかし、性別役割分業の考えは依然として根強く残っており、子育てを取り巻く母親の状況は家族機能の低下とともに、ますます厳しいものとなっている。

2　社会全体で子育てを

日本政府は2014年度「子ども・子育てビジョン」を閣議決定し、子どもを主人公とし、社会全体で子育てを行う政策を提出した。一方で、現代の母親は、社会からの孤立、家庭内での孤立、子育ての見通しを立てることができないことから生じる不安と焦り、そして最近では経済的不安という諸問題と直面している。こうした悩み、不安を抱えている現代の母親を支援するという思いを持つことが、家族に対するソーシャルワークのあり方の第一歩といえる。その際に、「社会全体で子育てを行う」という考えを持ちながら支援を行うことが、求められる。このテキストを開き、将来の保育者を目指している読者の皆さんに、その役割が期待されているといっても過言ではない。それでは、「社会全体で子育てを行う」ために、どのような理念のもと、具体的にはどのような支援が求められるのだろうか。まず担任として、受け持った子どもの保護者への相談支援が第一に想定される。保育の現場に立ったときのことを想像しながら、次の第3節を読んで頂きたい。

第3節　保護者に対するソーシャルワーク

1　保育の専門職が行う家族支援

(1) 家族環境のアセスメントと状況判断

　アセスメントとは、事前評価と訳されるが、保育の現場を想定した場合、保育者が保護者に話を聞き、家族内の環境や問題の現状を明確にさせることが目的である。皆さんが、保育の現場に立ったその時から、当然のことながら保護者は、「保育のプロ」として接してくる。そして、社会的に孤立している母親（時として父親）にとって、保育のプロは一番身近に相談でき、アクセスが可能な社会の窓口という機能が期待されている。保護者の置かれた状況は、それぞれ多様である。だからこそ、それぞれの状況に想いを受け止め、望ましい支援は一体何なのか、考えていく必要がある。決して、保育者は良い親、悪い親、子どもの育ちは順調かといったことを評価・判断しないことである。

　大切なことは、保育者が、不安を抱える保護者の話を受け止めながら、傾聴するという姿勢である。そうすることで、保護者は、自分の不安の根源がどこにあるのか整理できるし、カタルシス効果によって、安心感が生まれる。同時に保育者は、家族の置かれた状況を把握することができる。

(2) 問題解決に向けて─保護者の養育力を支援する

　保育のプロとして、育児の助言、アドバイスは適宜行うことは重要である。一方で、子どもにとって望ましい支援を、保育者側が押し付けてしまったりするケースも多い。まずは、保護者の話を傾聴し、その流れで適宜、必要とされる支援を助言、アドバイスを実施するという姿勢が重要である。

　保護者が自由に話をする中で、子育てをどのように行っているのか、

見えてくる。そして、家族の抱える問題の根本に直面するときもある。そのような場合も、単に注意勧告をするのではなく、当該家族の良さ、子どもの成長している姿を共有しながら、保護者に伝えていくことが求められる。

　大切なことは、保育者が家族の問題を全て解決するのではなく、あくまで自分はきっかけにすぎない、という姿勢である。保護者が話を進める中で、保護者自身が子どもの成長や良さに気づき、同時に、諸問題を発見することが望ましい。そして、諸問題と向き合う際の保護者の養育力は、十人十色といえる。あくまでも、保育者は、保護者の養育力を支援するという姿勢が大切である。

2　相談支援の方法

(1) 相談支援の実際

　それでは、これまで述べてきた家族支援を行う場面について考えてみたい。想定されるのは、保護者の送迎時、保護者会（懇談会）、電話応対、そして、保護者がアポイントを取って、保育者に相談を持ちかける（保護者面談）、そして最近ではSNSの利用をはじめ、さまざまなケースが考えられる。ただ、送迎時は長時間話をすることは難しく、保護者会も、園によってさまざまだが、年に2～3回程度である。電話応対も面と向かって話をするのではなく、短期的支援には向いているが、中長期的に向いているかというと、限界があろう。アポイントを取っての保護者面談も、保護者および保育者のタイミングの問題もあり、何度も定期的に設定することは難しい。またSNSの利用も、情報の流出をはじめとした個人情報の取り扱いの問題は依然として整備されているとは言い難い。

　一方で、子どもの成長は早く、日々変化する。保護者としては「今、困ったこの瞬間」に保育のプロの支援が欲しいと願う。現実的に、包括的な、短中長期的な支援という視点から考えた際に、「連絡帳」の使用

が効果的なツールの1つといえる。

　連絡帳は子どもたちの午睡の時間や職員の休み時間等で記載される。保護者は、家庭での子どもの様子や連絡事項、悩みや不安、疑問などをつづっている。保育者は、それら記述に目を通し、家庭での子どもの様子や保護者の想いを知ることができる。

　保育者は、その日あった保育の現場での子どもの様子や出来事を記述する。その際に保育者が感じたこと（たのもしく思った、笑顔を見てホッとした等）を付け加えると、よりリアリティーを持って保護者に園での様子が伝わる。保護者も連絡帳を通して、その日の出来事、子どもの様子を知ることができる。

　なお、時間の制約等で詳しく書くことができないときは、後日改めて返事を記述する旨、返答するとよい。

(2) ソーシャルワークにむけて

　これまで日本社会の変遷と、家族の多様化、それに伴う母親の置かれた現状について見てきた。また昨今のこうした状況に対応するためにどのような支援方法があるのかも、見てきた。保育者として、即実践に役立てることができるのは、本項「相談支援の方法」であろう。望ましい支援のあり方は、保護者の送迎時の応対、保護者会（懇談会）、電話応対、保護者面談、SNSの利用そして連絡帳というツールを、有機的に、かつ複合的に組み合わせながら活用することである。そうすることで、それぞれの家族が有するニーズに、適応したかたちでのソーシャルワークが実現するといえる。

　支援の方法に正解はない。ニーズもさまざまである。けれども、恐れないで欲しい。支援を欲している家族に寄り添うという姿勢さえあれば、信頼関係はおのずと構築される。そうした日々の実践の一つ一つを経験することを通して、頼りにされる保育者になることができると、筆者は信じてやまない。

【引用・参考文献】
厚生労働省「平成26年国民生活基礎調査(平成25年)の結果から」2014年
森岡清美編著『家族社会学』有斐閣、1967年
吉田眞理『保育相談援助』(生活事例からはじめる)青踏社、2015年
井村圭壯・今井慶宗編著『現代の保育と家庭支援論』学文社、2015年
七木田敦・松井剛太編著『つながる・つなげる障害児保育―かかわりあうクラスづくりのために』保育出版社、2017年

(小山貴博)

第4章　保育における相談援助

第1節　子どもと地域社会

1　変化する生活環境と子育て家庭

　近年、子どもを取り巻く生活環境が変化している。以前は性別役割分業観に偏っていた時代では、専業主婦である妻が家庭において子どもの養育を一手に担っていたが、男女共同参画社会やワーク・ライフ・バランスに対する認識が徐々に浸透してきて、共働き世帯が増加している。個々人の生活や働き方が多様化し、それにより子育て家庭の生活スタイルや価値観が変わってきている。

図表4-1　児童福祉におけるケアワークとソーシャルワーク

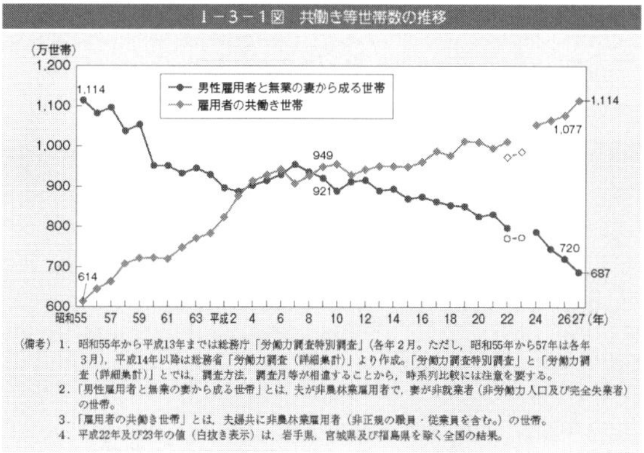

［出所：内閣府「平成28年版男女共同参画白書」P.47］

内閣府によると、日本の就業者数は男性3,655万人、女性2,810万人であり、生産年齢人口（15～64歳）の女性が平成25年以降増えてきている。女性の年齢階級別労働力率は、欧米と異なる"M字カーブ"を描くことが特徴であるが、M字の底にあたる部分に相当する30歳代の年齢が徐々に上昇してきている。このことは、結婚、妊娠、出産を経ても働き続ける女性が多くなってきていることを示している。図表4-1に示すように、共働き率は年々上昇し、それにより保育所への入所希望が増え、待機児童問題につながっていくのである。

2　地域社会と保育施設

　地域社会においても変化が起きている。かつては道路や空き地で異年齢の子ども達が一緒に遊ぶ姿が見られたが、核家族や共働き家庭の増加、さらに、少子化の進展、きょうだい数の減少などにより、昼間の子どもの姿を見る機会が少なくなってきている。共働き家庭では当然子どもを保育施設に預けて働きに行く。母親が出産後に退職して育児に専念している家庭でも、子どもが2、3歳になると幼稚園や認定こども園を利用することが多い。就学前児童の保育状況をみると、3歳児では保育所42.9％、幼稚園37.9％、認定こども園9.4％、認可外保育施設2.9％と、家庭にいる子どもは2.3％である。4歳児以上になると、ほぼ100％がいずれかの保育施設を利用している。このことからわかるように、子育て家庭にとって保育施設はなくてならない存在になってきている。

　子どもが多数利用する保育施設ではあるが、地域の人々の理解が得られない場合もある。

　一例をあげると、2007年に東京都のN市で起きた「市営公園の噴水使用禁止」に関する東京地方裁判所の判決がある。噴水で遊ぶ子どもの声が「騒音認定」されるという結果が出た。道路で遊ぶと自動車の事故に遭う危険があり、本来公園は子どもが安全に遊べる場所であったはずであるが、それが禁止されることは遺憾である。

居住する地域において子ども同士で遊ぶことは、誰か大人が見守っていなければ、事故や誘拐など予測できない事態が起こる可能性がある。共働き家庭が増え、まして核家族であれば、大人が日常的に見守り役をすることは不可能になってきつつある。先に述べたように、4歳以上は保育施設を利用しているため、現実的に昼間に公園で遊ぶことができるのは、低年齢児ということになる。3歳以上になると、協同遊びをするようになるため、友達と関係がつながる年齢の子ども達は保育施設で仲間関係を築くことになる。

　親が働いている子どもが増え、親の働く時間に合わせて子どもも生活することになる。長時間保育施設を利用している子どもが増え、家庭で過ごす時間が寝る時間を除くと少なくなっている。親子でゆっくり遊んだり話し合ったりする時間が休日のみという家庭もあり、子どもの成長発達を楽しむゆとりが減ってきていることが気がかりである。

第2節　保育士の業務と相談援助

1　保育士とは

　2001年の児童福祉法改正により、保育士は「登録を受け、保育士の名称を用いて、専門的知識及び技術をもって、児童の保育及び児童の保護者に対する保育に関する指導を行うことを業とする者」と規定された。さらに、2003年の児童福祉法改正により、保育士は国家資格となり登録制となった。法律で規定されたことにより、それまで児童福祉施設における「任用資格」から「名称独占資格」に変わり、社会的承認を得る専門職となる。

　このように、保育士資格の法定化は専門職の倫理を規定することとなり、社会福祉法人全国社会福祉協議会、全国保育協議会および全国保育

士会によって「全国保育士会倫理綱領」が定められた。この規定は、保育士が専門職として遵守すべき項目を定め、その項目には子どもの生存権や発達権の保障など基本的人権に係わる内容と、保護者、地域社会への子育て支援、保育におけるチームワーク、自己評価、守秘義務などが盛り込まれている。

2　保育現場とソーシャルワーク

　保育における相談援助は、保育士固有の専門知識・技術に加え、子育て家庭を支援するための相談面接に対応するため、経験が浅い保育士からベテラン保育士まで、すべての保育士が保護者の悩みや問題に適切に対応していくことができる、実践的な援助技術を駆使していくことが求められている。

　子どもに対する直接援助であるケアワークはもとより、広く子育て家庭に対してソーシャルワークの視点をもった援助が必要とされている。これまでも保育現場ではソーシャルワーク的視点の重要性は認識されていたが、体系的な学びができる研修などが十分に行われているとは言い難く、実践面における活用が未整備であることは否めない。

　図表4-2に示すように、従来の保育士は①のケアワークが示す子どもを対象にした基本的生活習慣を身につけるための「日常的な保育活動や

図表4-2　児童福祉におけるケアワークとソーシャルワーク

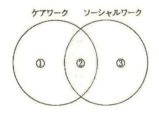

① 日常的な保育活動や生活支援
② 日常的な保育活動や生活支援をより効果的に実施するための保育指導や生活指導
③ 独自の相談援助および各種社会資源を活用した相談援助

［出典：岸井勇雄・無藤隆・柴崎正行監修『児童福祉の新展開』同文書院　2008　P.108］

生活支援」が主であった。他方、保護者への指導は、③のソーシャルワークの「独自の相談援助および各種社会資源を活用した相談援助」として捉えられていた。保育士の業務として「保護者に対する保育に関する指導」が加えられたことにより、重なる部分となる②の「日常的な保育活動や生活支援をより効果的に実施するための保育指導や生活指導」が浮上してくる。保育士は保護者との相談面接を行いながら、子育て家庭の課題や問題の解決、軽減に向けて、必要な人的、物的社会資源と結びつけていくソーシャルワーカーの役割を担うことになる。

第3節　子育て相談の最前線である保育所

1　気になる子ども

　保育士は、保育所が保護者にとって子育てに関する相談をできる身近な場であるという認識を持つことが大事である。送迎時の子どもや親子関係の様子を観察し、通常の様子と違う場合には、特に注意しておく必要がある。登園、降園の時間帯は、保育士自身が忙しく、保護者との会話もままならないかもしれないが、挨拶のほかに一言でも言葉掛けをしていくことが大切である。日々の子どもや親子の変化に気づき、それが相談につながることになる。保育士から積極的に声をかけ、何気ない日常会話を交わすことにより、日頃から信頼関係を作っておくことが、相談しようか迷っている保護者を援助につなげていくきっかけとなる。

　相談内容は、子どもの発達に関することが多く、特に近年「発達障害」が増えてきている。「気になる子ども」と呼ばれる、診断はついてないが、発達に問題がみられる子どもも増えている。そのほか、見た目ではわかりにくい「内部障害」がある子どももいて、保護者からの話を聞かないとわからない場合もある。保護者が自分の子どもの病気や障害

について、周囲の人たちには知られたくないという気持ちを持っていることもある。このため、周りの人たちからの理解を得ることが難しくなり、「わがままな子」、「しつけがなっていない子」など、否定的に捉えられることも少なくない。このような周囲の反応に対し、保護者は不眠やうつ的症状が出てくることもある。

そうした時に、保育者は主導して医療機関や福祉機関・施設につなげるのではなく、保護者と相談面接を行い、現在の状況に対する思いなどを話してもらい、どのようにしたらよい方向に向くか話し合いを重ねていくことが望ましい。保育士は診断する人ではないため、バイスティックの7原則を用いながら、保護者の気持ちに寄り添い共感、受容し、傾聴を行っていくことにより、保護者自らが自己決定した道を選ぶことになる。その時に、保護者とともに「子どもの最善の利益」を優先することを確認してくことが大切である。

2 保護者との信頼関係

保育士にとって保護者との信頼関係を構築していくことは、子どもの保育を円滑に進めていく上で重要なことである。日常的な保育活動を行っていくには、子どもとの信頼関係や愛着形成を作りながら、保護者との関係も重視していく必要がある。なぜなら、子どもは昼間保育所で過ごすが、その家庭が生活基盤であることは揺るぎない事実である。子どもの一番の愛着の対象は自分の親である。

虐待が疑われる保護者であっても、子どもの親であることは否定できず、親の養育態度を変えることは容易なことではない。もし虐待が疑われる場合には、保育所で園長はじめ保育士全員がその問題に対し、どのように対処していくか共通認識をもちながら、児童相談所などの関係機関や施設、専門職と連携を取りながら対処していくことが望ましい。虐待の事実確認は、直接援助をしている保育士が把握できることであり、その程度や範囲、頻度等をみながら、関係機関に連絡すべきか判断して

いくことが求められる。

また、保育所に対する不満や苦情を言ってくる保護者もいるが、直接会って話を聴き、どのようなことを望んでいるのか、あるいはその保護者の抱えている社会経済的事情について話をよく聴くことにより、不満のはけ口として保育士や保育所に訴えていることがわかる場合もある。思い込みから判断したり決めつけたりせず、その保護者の話をじっくり聴いていくことで、問題が明らかになることにつながる。そのようなケースには、ソーシャルワークの技術が必要となる。

3 地域社会との関係

保育所で働くA保育士は、ある日「3歳になってもしゃべらない」と近隣の母親から相談を受けた。「子どもに落ち着きがない」、「乱暴で困る」などと相談に来る。さらに、相談に来た大半の母親が、「やっと相談できるところを見つけた」と話していた［愛甲明美、2015］。

このように、保育所は園庭開放や園の行事を地域の人たちに公開して集ってもらう機会を設けている。ほかにも、子育てサロン、遊び広場などいろいろ企画して、地域の子育て家庭が参加できる場を作っている。保育所が地域に対してオープンな姿勢をとることで、保育所に対する正しい認識や理解を促進することができる。保育所は入所児童とその保護者に対する保育や支援を行っているだけではなく、地域社会の子育て家庭に向けてもさまざまな行事や保育を行い、親子で毎日の生活が楽しんで送れるよう子育ての支援をしている。

近年待機児童問題が社会問題化しているが、保育所の周辺住民の理解を得るためにも、子育て家庭だけではなく、そこに住んでいる人たちにとっても利用できる施設として存在する役割が求められている。高齢者と乳幼児との交流や、住民の人々の力を借りて行事を一緒に行うなど、相互理解を促すための方法も取り入れられてきている。これからの保育所は、これまで行ってきた次世代を担う子どもの育成を行う施設である

というだけではなく、地域住民にとって他の人たちとの貴重な交流の場にしていくことが必要になってくるであろう。

【引用・参考文献】

伊藤良高・香崎智郁代・永野典詞他「保育現場に親和性がある保育ソーシャルワークの理論と実践モデルに関する一考察」『熊本学園大学論集 総合科学』2012年

大豆生田啓友編著『子育て支援＆子育てネットワーク』フレーベル館、2007年

岸井勇雄・無藤隆・柴崎正行監修『児童福祉の新展開』同文書院、2004年

愛甲明美「保育所での相談援助を豊かに」『季刊　保育問題研究』272号、2015年

藤後悦子・坪井寿子・竹内貞一他「保育園における気になる保護者の現状と課題」『東京未来大学研究紀要』第3号、2010年

内閣府「平成28年版男女共同参画白書」2016年

（吉川知巳・髙玉和子）

第5章 相談援助の方法と過程

第1節 相談援助の方法

1 面接の場と方法

(1) 面接室

　保護者からの相談や、デリケートな相談内容によっては、面接室（個室）で行ったほうがよい。その場合、部屋の広さ、家具のレイアウト、保育士とクライエントの座る位置等、面接室の環境構成に気を使い、相談しやすい雰囲気を作ることが大切である。

　一方で、面接室という特殊な環境では、緊張してしまい、うまく話せないというクライエントもいるであろう。その場合は、下記の生活場面面接が有効となる。

(2) 生活場面

　例えば、夏季保育所で保育士が、プールで子どもたちの着替えを支援しているところを想像してほしい。保育士が子どもの体に痣があることを発見し、「この痣どうしたの？」の聞いてみる。すると「実は、昨日、お母さんに叩かれたの」と、子どもが答える。保育士は虐待を疑い、着替えを支援しながら、子どもにいくつかの質問をしてみた。

　このように、生活場面面接とは、クライエントの日常生活の流れのなかで、面接をする方法である。この方法だと、クライエントにあまり緊張を強いずに済むというメリットがある。一方では、プライバシーの確

保に気を付ける必要がある。

(3) アウトリーチ

アウトリーチとは、クライエントから支援の要請がなくても、保育士の方から地域や家庭に出向いて、クライエントのニーズを知る方法である。接点を持つことが困難なクライエントに対して、有効な方法である。

(4) コミュニケーション技法

面接にはコミュニケーション技法が欠かせない。一般的にコミュニケーションには、バーバルコミュニケーション（言語的コミュニケーション）とノンバーバルコミュニケーション（非言語的コミュニケーション）があるといわれている。さまざまな説があるが、ノンバーバルコミュニケーションからの方が、多くの情報を受け取ることができるといわれている。バーバールコミュニケーションとは、話し方であったり、質問のしかたであったり、直接、言語として相手に伝える部分の技法である。

それに対し、ノンバーバールコミュニケーションとは、先ほどの面接室の環境とか、服装とか、姿勢や態度、うなずき、あいづちなどをいう。

(5) マッピング技法

相談援助の方法として1つ押さえてほしいのが、マッピング技法である。マッピング技法とは、図式化する方法である。マッピング技法のメリットは、言葉では煩雑になる情報が、図式化することで、視覚的にとらえられるということである。

相談援助で使用される代表的なマッピング技法は、ジェノグラムとエコマップである。ジェノグラムは、家族関係図ともよばれ、家族構成のつながりを図示する技法である。エコマップのほうは、クライエントと周りの社会資源との関係性を図示する技法である。

第2節 相談援助のアプローチ

1 アプローチの方法

(1) システム・アプローチ

クライエントを取り巻く関係性を、ターゲットシステム、クライエントシステム、アクションシステム、エージェンシーシステムに分け、各システムの関係性を見極めながら支援を行っていくモデルである。

(2) エコロジカル・アプローチ

人間と環境との相互作用を重視し、その相互作用に介入をおこなうモデル。すなわち人と環境との相互作用を全体的・包括的にアセスメントしていくモデルである。

(3) 課題中心アプローチ

短期的、かつ、具体的な課題を設定し、クライエントがその課題を達成できるように支援していくモデルである。

(4) 解決志向アプローチ

生態学的視点を前提に、ブリーフセラピーやナラティヴ・セラピーを取り入れた、家族支援ソーシャルワークのアプローチである。

(5) 危機介入アプローチ

クライエントが切迫した緊急な状況に陥った場合、援助者が積極的に介入し、短期間でその状況を脱しようとするモデル。

(6) エンパワーメントアプローチ

クライエントが持つストレングス（強さ）に焦点をあてる方法。ストレングを強化したり、または開発しながら、ストレングスを活用して支援を行っていこうとするモデル。

(7) ナラティヴ・アプローチ

社会構成主義の立場から、利用者の語りを中心に支援を行っていく方

法である。クライエントの語りとは、「クライエントはそのように受け止めている」という意味であり、そのクライエントの受け止め方に沿って支援を展開していくモデルである。

(8) エビデンスベースド・アプローチ

医療分野の考え方の影響をうけた、科学的根拠に基づくアプローチ方法である。過去の研究や実践事例からエビデンス（根拠）を見つけ、援助方針を決めていく。同時に、自己の実践事例でも、科学的な方法を用いて、効果測定を行うことも求められる。

第3節 相談援助の過程

1 インテーク

インテークとは、ニーズを発見する局面のことである。どのようにして、ニーズを発見するかについては、クライエントが自ら相談しにくる場合と、保育士がアウトリーチを行いニーズを発見する場合とがある。

保育士の行うインテーク場面で特徴的なことをいくつか述べてみる。

まず、他のソーシャルワーカーなどの相談援助職と比べ保育士の場合は、クライエントとの初めての出会いの場がインテークではない可能性が高いということである。先ほども述べたように、日常の保育の延長上で相談援助が行われるため、日ごろからクライエントと顔なじみである可能性が高い。

2つ目としては、クライエントは必ずしも自らのニーズを自覚していないということである。特に、アウトリーチでニーズを発見した場合などは注意が必要である。また、例えば虐待のケースなどでは、クライエントがニーズを認めないという場合も出てくる。

2 アセスメント

アセスメントとは、ニーズがどのような理由で発生するのか、その原因を「見立てる」局面である。ニーズが発生する原因を突き止めたり、ニーズを明確にしていく局面でもある。そのために、多角的な視点から情報収集し、分析を行う必要がある。

(1) アセスメントの段階
　①何か見落としたニーズはないか
　②正確な情報収集ができているか、など

(2) プランニングの段階
　①ニーズに対して、適切な援助目標が設定されているか
　②援助目標を達成するための、具体的な介入方法が適切か
　③介入の内容と介入を行う専門職のミスマッチがないか
　④適切な支援期間が設定できているか、など

(3) インターベンションの段階
　①介入の内容と介入を行う専門職のミスマッチがないか
　②介入方法を実践できるための技術を専門職が持っているのか、など

3 プランニング

アセスメントにより、ニーズの根本的な原因を探りあてたら、その解決に向け支援の計画を立てる局面が、プランニングである。

一般的に長期目標や短期目標など、ニーズに合わせて、何項目かの具体的な目標を設定するとよいとされている。

また、チームでクライエントを支援していく場合などは、どの専門職が、何を、いつまでに、どのように支援いくのかなどをプランニングしておき、情報共有しておくことも必要である。

4 インターベンション

インターベンションとは、介入ともいわれ、実際に支援が行われる局面である。プランニングした支援計画に基づき、各専門職が適切な介入をしていくことが求められる。

5 モニタリング

中間評価ともよばれ、支援が適切に行われているかを確認する局面である。インターベンションの最中に適宜行い、必要があれば、プランニングやインターベンションの修正や、再アセスメントを行う。

インターベンションを行い支援が進行していけば、新たなニーズが生まれたりもする。アセスメントやプランニングに不備があり、修正を迫られる場合もあるが、そうでない場合もあることを知っておいてほしい。

モニタリングをいつ行えばよいのかは、目標設定や、プランニングの内容で変わっていく。画一的に、いつまでにということではない。

6 エバリュエーション

最終評価ともよばれ、援助が適切に行われ、ニーズが解決されているかの、最終的・総合的評価を行う場面である。

エバリュエーションやモニタリングなど、評価を行う場面では、どのような方法で評価を行っていくのかがポイントになる。本書では、他職種かつ複数で、評価を行っていく方法を推奨しておきたい。

7 ターミネーション

終結ともよばれ、援助を終了させていく局面である。この場面では、再度、クライエントとニーズ解決の確認を行うことが肝心である。そして、今後のフォローアップの確認を行い、クライエントに安心を与え、援助を終了させる。

8 クライエントの参画の必要性

　一連の相談援助の過程は、クライエントと協働して行うことが求められる。クライエントには必要な情報だけを聞き取りして、それ以外は援助者で進めていくというようなことがあってはならない。クライエントを相談援助の過程に参加させることの意味は以下のような事柄がある。

①クライエントに自分の置かれた状況を認識してもらう（自己覚知）
②クライエントの意見を反映させることにより、ニーズ解決のための意識や自覚を高める効果（ワーカビリティーやストレングスの強化、エンパワーメント）
③クライエントに納得してもらいながら支援をすすめることができる（アカウンタビリティやインフォームド・コンセントの観点）

【引用・参考文献】

髙井由紀子編著『子どもと家族をアシストする相談援助』保育出版社、2017年

川村隆彦・倉内惠里子『保育者だからできるソーシャルワーク』中央法規、2017年

岡本民夫監修、平家良子・小山隆・加藤博史編『ソーシャルワークの理論と実践』中央法規、2016年

松原康雄・村田典子・南野奈津子編『相談援助』(保育基本シリーズ) 中央法規、2015年

前田敏雄監修、佐藤伸隆・中西遍彦編集『演習・保育と相談援助〔第2版〕』(学ぶ・わかる・みえるシリーズ保育と現代社会) みらい、2014年

北川清一『ソーシャルワーク実践と面接技法―内省的思考の方法』(ソーシャルワーク・スキルシリーズ) 相川書房、2006年

(橋本好広)

第6章 ケースワークの方法と技術

第1節 社会福祉と保育士

1 サービスを選ぶということ

　保育士は言うまでもなく、児童福祉法による国家資格である。ゆえに、保育士の仕事は、保育を通じて社会福祉の立場から、子どもやその保護者、さらには地域住民を支援することまで幅広いものである。かつての社会福祉は、私たちが暮らしていく中で、さまざまな生活問題を抱えた人が対象であった。しかし、現在の社会福祉は「すべての人」が対象であり、より良い暮らし、その人らしい暮らしへの支援となっている。

　相談援助で出会う保護者や家庭も、大きな課題は抱えていなくても、育児に不安を持っていたり、子どもの発達に関して知識が少ないことがある。さらに、子育てしやすい環境があれば、もっと充実した子育てが可能なこともある。

　こうしたなか、社会福祉施設の利用者は、社会福祉基礎構造改革の流れの中で、「お世話される人」ではなく「サービスを選んで利用する人」という立場になった。児童福祉の分野には一部措置制度が残っているが、児童福祉施設も福祉サービスとして位置づけられた。つまり、「第三者評価」や「苦情解決の仕組み」などから、運営の評価を受けるようになった。

2　保育士とソーシャルワーク

　2001（平成13）年の児童福祉法改正では、保育士の業務が「児童の保育」と「保護者の保育指導」であると法的に定められた。
　相談援助の対象者は、保育所を利用する子どもだけではなく、保育を必要とするその保護者も援助の対象である。例えば、保育所では「気になる子」をもつ保護者からの相談、虐待が疑われる保護者への対応や日常の保護者からの要望に対して、適切な助言や指導も保育士には求められる。具体的には、保護者が子育ての主体としての自覚や自らの子育て力の向上への意識を高く持つような関わりを行うことがあげられる。そのために保育士にはソーシャルワークが不可欠となる。

第2節　保育ソーシャルワークとケースワーク

1　保育ソーシャルワークに求められる視点

　保育ソーシャルワークに求められる視点として、①生態学的視点と②ストレングス視点の2点をあげることができる。①については、人と環境の相互作用であり、個人や家族の抱える問題や困難はこの相互作用で捉えて問題の解決を図っていく視点である。そして、②は、人間が潜在的・顕在的に持っている多様な能力のことで、これに着目した視点である。子どもや保護者の抱える問題を一番理解しているのは、当事者であるという考え方により、エンパワーメント実践が行われる。このような視点にたって、保育ソーシャルワークが展開される。この保育ソーシャルワークが展開される保育所や児童養護施設などにおける相談援助活動を考える際には、ケースワーク的取り組みを出発点にして、さまざまな実践方法をケースや目的にあわせて展開していくことが大切である。

2　ケースワークとは

ではケースワークとはどのようなものであろうか。正式にはソーシャル・ケースワークという。ここでは、「ケース」は個別の「問題」や「事例」を、「ワーク」はそれへの援助活動を意味する。「ソーシャル」は、この「問題」を社会的な視点から把握することである。つまり、子どもや家庭、保護者が抱える個々の問題を社会的な視点から把握し援助活動を行うことがケースワークの基本であると考えてよい。

この技術の目的は、個人やその家族を利用者として、彼らの心理的側面と社会資源を活用することで、彼らを取り巻く環境を調整して、個人やその家族が自らその問題に向き合えるように、自己肯定感やエンパワーメントを高める支援を行うことが主眼である。

3　バイステックの7つの原則

ケースワークを構成する要素として、パールマン(Perlman, H.H. 1906～2004)は、1957年に『ソーシャル・ケースワーク問題解決の過程』を著して、生きることは絶え間のない問題解決の過程であるとした。そして、ケースワークの構成要素として、人(person)、問題(problem)、場所(place)、過程(process)の「4つのP」をあげた。その後、パールマンは専門職ワーカー(professional person)、制度・供給サービス(provision)という2つのPを追加して「6つのP」している。ケースワークでは、援助する人をケースワーカーといい、問題・困難を抱えて援助を必要としている人をクライエントという。

ケースワークを具体的に展開するには、ケースワーカーとクライエントとの関係性が重要であり、この関係性を「ケースワーク関係」という。

バイステック(Biestek,F.P. 1912～1994)は、このケースワーグ関係について、援助関係を構成するのは、ケースワーカーとクライエントの間に生じるお互いの態度・情緒による相互作用であるとした。この際の留意

点として、ケースワーカーとして守るべき約束事や基本的態度といえる原則として7つをあげている。

図表6-1　バイステックの7原則

援助者の態度	クライエントのニーズ
1. 個別化	個人として対応してほしい
2. 意図的な感情表出	感情を表現したい
3. 統制された情緒的関与	共感してほしい
4. 受容	価値ある人間として受け止めてほしい
5. 非審判的態度	一方的に非難されたくない
6. クライエントの自己決定	自分の人生は自分で決めたい
7. 秘密保持	他人に秘密を知られたくない

出典：林邦雄・谷田貝公昭監修『相談援助』（保育者養成シリーズ）一藝社、2012年（(P.25)

第3節　ケースワークの展開過程

1　ケースワークの展開過程

ケースワークは、体系化された一連の手法と方法に従い、クライエントの問題解決に向けてケースワーカーとクライエントの信頼関係（ラポール）を基盤とし、共同作業のもと、この過程が展開される。**図表6-2**

図表6-2　ケースワークの展開過程

（受理）インテーク → （事前評価）アセスメント → （援助計画の立案）プランニング → （介入）インターベンション → （事後評価）エバリュエーション → 終結

フィードバック

出典：[丹野、1996] を基に筆者作成

に示すように、①インテーク、②アセスメント、③プランニング、④インターベンション、⑤エバリュエーション、⑥終結の過程で展開される。しかし、すべてがプロセスどおりに展開されるわけではなく、フィードバックされながら展開される。

① インテーク（受理）

インテークとは、問題を抱えているクライエントが問題解決のために相談機関、専門職へ相談に行き、援助が開始される段階をいう。例えば保育所の場合、保育士は親にとって最も近い場にいる相談者であるが、親から相談をもちかけてくることは、送迎の時間帯しか関われない等の時間的な制約、心配している内容を話すことのためらい等の心理的な壁があり、難しいことも多い。保育士はこのことを自覚して、保護者が安心して話ができる雰囲気づくり、環境づくりを日常的に心掛けることが必要である。また生活場面面接のように、送迎時の立ち話や連絡帳などから相談につながることもある。場合によっては、相談室などの個室へ案内して相談することも方法としてあげられる。

② アセスメント（事前評価）

アセスメントは、クライエントの抱える問題の原因がどこにあるかを明らかにし、クライエントの状況を勘案し、問題解決がクライエント自身でどこまで行えるか、社会資源は何を活用することができるかなどを確認していく段階である。

クライエント本人や家族などから情報収集を行い、援助計画を立案するために、具体的な情報が収集される。これによりニーズの確定が行われる。この際、クライエントに対し、自分の価値観で「常識的におかしい」、「普通は〇〇」のように、否定的な感情で行わず、前述したバイスティックの7原則（**図表6-1**）を心がけ対応することが求められる。

③ プランニング（援助計画の立案）

プランニングではアセスメントの内容を具体的に計画していく。クライエントのニーズに対し援助目標を設定し、課題解決の道筋を立てるこ

とことが必要だ。長期的には、地域社会でいかにサポートするかも視野に入れた計画を立案することが望ましい。

④ インターベンション（介入）

インターベンションは援助活動そのものである。社会資源を活用して、クライエントが自分で問題解決できるようになるプロセスを側面からサポートすることである。援助は計画を立てて、実施したら完了ではない。解決まで導くことが求められる。したがって、インターベンションした後、その経過を見守り、援助がうまくいかない可能性を考えながら経過を見守る必要がある。これをモニタリングという。

⑤ エバリュエーション（評価）

実施された援助がクライエントの問題を解決できたか、あるいはどの段階まで達成できたかを確認し、評価をしていくことをエバリュエーションという。この際、問題が解決の途上である等、まだ援助が必要な状態であることが確認されたら、もう一度アセスメント（再アセスメント）を行い、援助を構築していくことが求められる。

⑥終結

クライエントの目的が達成され、問題が解決されたことに対して、ケースワーカーとクライエントとの判断が一致し、問題解決を自力で行えることが確認された場合、援助の終結となる。ただし、終結したとしても、クライエントが不安を抱えている場合もある。そのような事態に対して、いつでも相談に来ることができる存在であることをクライエントに伝えることも、この段階での大切な役割である。

第4節　ケースワーカーのラポールと自己覚知

1　ラポールの形成

ケースワーカーとクライエントとの間でラポールが形成されることが最も大切である。土田（1962～）によれば、ラポールは水路に例えることができると指摘する。ラポールという水路が狭くて小さい水路であればお互いの気持ちが伝わることに困難を生じて、良い援助関係は成立しない。逆に、大きな水路であれば気持ちが伝わりやすく、質の高い援助関係が構築できる。

2　自己覚知

このようなラポールを形成するには、並行してケースワーカー自身が自分自身の価値観や限界がどこにあるのかを自覚する、自己覚知が大切である。

ケースワークの関係に、援助者の先入観や価値観が持ち込まれるならば、「受容」、「個別化」、「非審判的態度」、「クライエントの自己決定」などはこの影響を受ける。つまり、ワーカーの主観だけでクライエントを判断してしまうこととなる。したがってケースワーカーは自身の性格、物の見方、他者との関係の作り方などを知らなければならない。その際、以下の3点を考えてほしい。

① 　人間の行動様式について、十分な知識を得る

ケースワーカーが固有の理解の枠にとどまることを防ぐために、人間の行動様式、社会的・経済的問題に対して、人間が示すさまざまな心理的反応などについて、心理学・精神保健領域の知識が必要である。

② 　自らの感情を理解する

人にはそれぞれ、価値観があり、それが「判断基準」となって感情と

して表に現れる。ケースワーカーも人である以上、そういった面を持っている。しかし、感情が表に現れた状態で関わることは、自分の価値観を相手に押し付けることである。援助する立場である以上、自らの感情をコントロールして関わらなければならない。

③ 偏見と先入観を知る

偏見・先入観は、ケースワーカーが生まれてから現在に至るまでの間に形成されており、親のしつけや、教育のなかで意識しないで身についたことであるが、そこに偏りがある場合は、見直すことが必要である。このように自己覚知がなされていないとラポールの形成は困難といえる。

【引用・参考文献】

F.P.バイステック、尾崎新・原田和幸・福田俊子訳『ケースワークの原則』誠信書房、1996年

石川結貴『ルポ　子どもの無縁社会』中央公論新社、2011年

伊藤良高・香崎智郁代・永野典詞・三好明夫・宮崎由紀子「保育現場に親和性のある保育ソーシャルワークの理論と実践モデルに関する一考察」『熊本学園大学論集総合科学』19（1）

大豆生田啓友著『子育て支援＆子育てネットワーク』フレーベル館、2007年

岡田忠克編著『図表で読み解く社会福祉入門』ミネルヴァ書房、2012年

林邦雄・谷田貝公昭監修、髙玉和子・和田上貴昭編著『保育相談支援』（保育者養成シリーズ）一藝社、2012年

土田美世子『保育ソーシャルワーク支援論』明石書店、2012年

古川繁子編著『相談援助ワークブック［第二版］』学文社、2014年

（谷口卓・大野地平）

第7章 グループワークの方法と技術

第1節 グループワークとは

1 対人援助の方法としてのグループワーク

　この章で取り上げるグループワークは「ソーシャル・グループワーク（集団援助技術）」といわれるソーシャルワークの技法の一つであり、単なるグループ活動やグループ単位の作業とは異なるものである。

　コノプカ（G.Konopka 1910～2003）は、グループワークについて「意図的なグループ体験を通じて、個人の社会的に機能する力を高め、個人、集団、地域社会の諸問題により効果的に対処しうるよう、人々を援助するものである」と定義している。つまり、グループワークの援助対象はまず個人である。また、生活課題や成長・発達上の課題を有する人々で構成される小集団をグループワーカーが形成し、小集団内の相互作用の効果を最大限に活用して、個人の生活課題の解決や、成長・発達を援助するものである。

　グループワークは、グループにおけるメンバー同士の集団力学（グループ・ダイナミクス）を重視し最大限利用して援助を進め、ワーカーはグループやメンバーに側面的に関わり援助が展開されることに大きな特徴がある。グループワークにおけるプログラム活動の場においては、メンバー全員は同じ共通基盤の上にあることを認識したうえで、互いに個別の存在として受容され、尊重される。そして、問題解決に向けてお

互いに刺激を受けながら、各メンバーが気づきを深め、問題解決にむけた取り組みが行われる。

グループワークは、保育所や児童養護施設、児童発達支援センターなどの児童福祉施設においても、子どもの成長・発達を目的として、また子どもや子育て家庭の抱える生活課題の解決を目指して用いられている。

2 グループワークの構成要素

グループワークは、次の4つの要素から構成されている。

(1) グループワーカー

グループワークを企画し、参加メンバーからリーダーを育て、リーダーを中心としてグループメンバーが望ましい活動を展開していけるよう役割を果たす者である。

ケースワークと異なり、ワーカーとメンバー個々との関係、ワーカーとグループ全体との関係の二重の関係があり、その二重構造の中でワーカーは、統率者、指導者、助言者、情報・技能の提供者、誘導者、オブザーバーとしての役割を果たすことが求められる。

(2) グループメンバー

2名以上から構成される小集団のことをグループといい、グループを構成する対象者をグループメンバーもしくはメンバーと呼ぶ。

基本的にグループは、同様な生活課題・成長課題などをもつメンバーにより形成されるため、相互理解や相互援助関係が形成されやすい傾向にある。グループワーカーは、相互作用の生じやすい範囲の人数でグループづくりを行う。グループの規模は、メンバーが互いに顔と名前が一致し、関わり合えるものが望ましく、おおむね10人以下が相互作用を最も促進させやすいと言われている。またメンバーの構成を考える際は、グループワークの目的や目標を達成することができるよう、メンバーの年齢や特性、性格、生活課題などが十分に考慮されなければならない。

(3) プログラム

プログラムとは、立案・計画から評価に至るまでのグループでの共通体験の全過程を意味し、具体的な活動や行事を「プログラム活動」と呼ぶ。グループワークは、すべてこのプログラム活動上で展開される。

プログラム活動は、個人の生活課題の解決や、成長・発達を促すことという目的を達成するための一連の活動である。プログラム活動は、何のために行われるかという明確な「目的」、具体的に何をして目的を達成させるかという「活動」、プログラムを通してメンバー同士がどのように関わり、変化を遂げたかという「過程」で構成される。

プログラムには、レクリエーション型（スポーツ、ダンス、演劇、工作、野外活動など）とディスカッション型（自由討議や対立討議、バズ・セッションなど）があり、目的やメンバーを考慮して決定されるが、いずれも自由に自己表現できるものでなければならない。

(4) 社会資源

社会資源とは、グループワークの援助において活用される人、物、情報、制度等の総称である。援助目標に沿って社会資源を有効に活用することにより、援助過程を円滑かつ有意義に進めることができる。

第2節　グループワークの原則

1　グループワークの原則

コノプカは、グループワーカーに求められる行動について「グループワークの14原則」として整理した。ここでは、主な原則を次に挙げる。

① メンバーの個別化の原則：一人ひとりを個人として捉え尊重し、個別的に理解する。
② グループの個別化の原則：グループを1つの援助対象とみなし、

グループの個性を尊重した援助を行う。
③ 受容の原則…メンバーの状況、課題、価値観をありのまま受け止める。また、グループの持つ個性、さまざまな行動や反応についてもありのまま受けいれる。
④ 参加の原則：メンバーが安心して活動に参加できるよう励まし、参加の障壁となるものを除去するなどして環境を整える。またメンバーが個々の能力に応じて参加できるような活動を計画する。
⑤ 経験の原則：メンバー間で多くの交流経験が生まれるようワーカーは働きかける。グループ内での人間関係を深め、協働して課題に取り組む経験ができるよう促す。
⑥ 葛藤解決の原則：活動の中で生じるメンバー自身の葛藤やメンバー間の葛藤を、グループ全体で解決できるよう側面的に支える。
⑦ 制限の原則：グループが秩序を維持し、メンバーが活動に安心して参加できるようグループに一定のルールを設け、メンバーの行動や言動などについて最低限の制限を加える。
⑧ 継続評価の原則：ワーカーは、プログラム活動の目標達成度、メンバーの満足度や参加度、メンバーの同士の相互作用、ワーカーの援助の方法などについて継続的に評価を行い、改善を図る。

2 グループワークの展開方法

(1) 準備期

グループワーク全体の方向性を決める段階である。

グループワーカーは、アンケート調査や関係機関からの聞き取りなどを行いメンバーの生活課題やニーズを明確にし、グループワークの目的や目標の設定をする。そして、グループの形態（人数、どのような人を集めるか、固定型か開放型かなど）を決め、プログラム活動の目標、活動内容、実施方法などについて原案をたてる。

さらに、プログラム活動中にメンバーからの合図やメッセージを受け

とめ、その心情や要求を敏感に感じ取れるよう「波長合わせ」を行う。具体的には、メンバーに関する情報収集や予備的接触（面接などにより、メンバーの状況や感情の理解、参加確認、動機づけを行う）を行い、メンバーの要求、期待、不安などの理解に努める。

(2) 開始期

グループワークの基盤となるグループを形成する段階である。

グループワーカーはグループの緊張が和らぐよう配慮し、受容的な雰囲気を作るとともに、メンバー同士が互いの存在を確認し、グループワーク全体の見通しが持てるように働きかける。また、グループワーカーは所属する施設・機関や自らの役割を説明し、基本的な約束事の確認を行う。さらに、特定のメンバーが主導権を握ることなく、少数意見が尊重される民主的なグループ運営が行われるよう働きかける。

(3) 作業期

目的達成のために課題に取り組む段階である。

グループワーカーは、まずメンバーの参加の動機づけを図り、次に相互援助システム（互いの存在を必要とし相互の助け合いが行われる組織）の形成に取り組む。そして、この相互援助システムを活用して、それぞれの抱える問題について話し合いなどが行われる。その際ワーカーは、問題解決に至るよう話し合いの内容を焦点づけたり、問題の本質に気づくことができるよう働きかけたり、必要に応じて情報提供を行い、メンバーの持つ問題の解決や課題の達成に向けて側面的に導いていく。

(4) 終結期

プログラム活動が終わりを迎える段階になると、グループワーカーはメンバー一人ひとりがどのような経験をし、何を得たのかふりかえりを促し、その成果を今後どのように生かすのか考察できるよう働きかける。

第3節 グループワークの展開例

　グループワークに対する理解をより深めるために、児童発達支援センターにおけるプログラム活動の展開例を次に示す。

(1) はじめに

　K児童発達支援センターでは、日頃より保護者からさまざまな子育てに関する相談を受け、助言や情報提供および関係機関との調整等に取り組んでいる。それらの取り組みを通して、多くの保護者が子育てへの強い不安やいらだちを抱えており、安定した親子関係形成のためには、これらの問題の軽減や解消が必要であると保育士らは考えていた。

(2) グループワークを始める前に（準備期）

　そこで、センターの児童発達支援管理責任者であるA氏が中心となり、グループワークを企画することにした。まず、保護者会の際にグループワークの目的や内容の説明を行い、質問紙票によるニーズ調査を行った。結果として「家庭での療育の難しさ」や「しつけ」など共通する悩みを抱えており、それを「相談できる家族や友人が少ない」ことが明らかになった。そのため、共通する課題について保護者が話し合うことを通して「保護者間の助け合いの仕組みの形成」および「保護者の養育力・課題解決力の向上」を目指してプログラム活動を行うことにした。

　参加希望のあった保護者（すべて母親）と面接を行い、プログラム活動の目的や内容の説明や、希望や不安の聞き取りと対応を行った。

　アンケートや事前面接などを基に、活動に参加する保護者に共通する課題である「家庭での子育てと療育」を大枠のテーマとしてディスカッション形式のプログラム活動を行うことを計画した。今回の参加者は6名である。5回完結のプログラムを毎週木曜日の17時から90分間、センターの会議室で実施することにした。グループワーカーはA氏が行い、補助および記録は保育士のF氏が行うことにした。

(3) 1回目（開始期）

　1回目のプログラム活動では、まず自己紹介とアイスブレーキングを行い、続いて、ワーカーによりプログラムの目的や方法、グループやメンバーに対してワーカーが支援できる内容や役割・責任などについて説明を行った。また、メンバーが参加しやすい環境を整えるために、基本ルールを守ることや民主的な態度をとることなど、基本的な約束事を確認した。その後、各メンバーから今回のプログラムへの期待や不安について意見を出してもらった。また、今回の活動に特に意欲的であるメンバーのGさんが、今回のプログラム活動におけるリーダーを担うことになった。

(4) 2回目から4回目（作業期）

　2回目のプログラム活動では、メンバーそれぞれが抱えている子育ての悩みや課題について自由に話をしてもらった。メンバーの話に、他のメンバーも真剣な表情でうなずきながら話を聞いていた。全員が話し終わった後に、ワーカーが今回のプログラム活動で取りあげるテーマについて意見を聞くと、メンバーのEさんが「子どもが言うことを聞かないときにいら立ちや焦りで、感情のコントロールが難しいときがあります」と発言した。他のメンバーからも共感する意見が多数出たため、今回のプログラム活動では「イライラしない子育て」をテーマにして取り組むことを提案しメンバー全員の合意をえた。

　3回目、4回目のプログラム活動では、それぞれの家庭での子育てへの取り組みについて話してもらった。さまざまな体験や取り組みについて各メンバーは話し、他のメンバーは受容的な態度で耳を傾け、意見や感想を自由に話しあえている。ワーカーは、メンバーが自らの思いを率直に発言できるように支えたり、メンバー間での意見を仲介したり、言い換えや統合するなど、多様な意見が出るように心がけた。

　また、当初はメンバーがワーカーに対して子どもへの関わり方について直接質問する場面も多く見られた。その場合、ワーカーは必要な情報

は提供するものの、最終的に問題解決の主体は自らであることを気づかせ、主体的に課題に取り組むことができるよう促した。その後は、リーダーを中心としてメンバー同士が意見を出し合い助言するなど、次第に支え合う場面が多く見られるようになってきた。

(5) 最終回（終結期）

最後（5回目）のプログラム活動では、今回のグループワークで何を経験し、どのようなことを学んだのか、振り返りを行った。

Iさんは「これからは抱え込まずに、家族や先生、皆さんにもっと頼りたいと思います」、Jさんは「自分の子育てを見直すきっかけになりました」と話した。活動を通して、保護者同士の連帯が生まれ、また自らの子育ての方法やあり方について見つめなおし、養育力の向上にもつながったようである。

(6) プログラム活動終了後

活動が終了して数日後、ワーカーのA氏は、プログラム活動でリーダーを担ったGさんから、今後も保護者同士が交流をより深め、支えあっていけるために「親の会」を作りたいとの相談を受けた。ワーカーは、会の設立や運営について側面的に支えていくことを約束した。

【参考文献】

黒木保博・横山穣・水野良也・岩間伸之『グループワークの専門技術——対人援助のための77の方法』中央法規、2001年

相澤譲治・井村圭壯編著『社会福祉の相談援助』久美、2012年

日本ソーシャルワーク学会編『ソーシャルワーク基本用語辞典』川島書店、2013年

植田章・畠中義久・松岡徹編著『対人援助職のための「相談援助演習」ワークブック』ミネルヴァ書房、2015年

（赤瀬川修）

第8章 相談援助の基本姿勢

第1節 相談援助の原則

1 相談援助の対象者

　相談援助の対象は、保育園に通っている保護者やその子どもが中心であると考えられる。さらに児童養護施設に入所している子どもやその保護者も含まれる。また、地域に在住する未就園児の保護者も対象となる。ここで考えなければならないのは、対象によって援助内容や留意事項が異なることである。具体的には、通所している保護者は事前に情報を把握することもでき援助も複数回実施することが可能である。しかしながら、地域の保護者に対しては状況や背景が十分に把握されないことが前提となる。

　相談内容は、平成21年度の厚労省が調査した結果（全国家庭児童調査結果）から、子育てについての悩みや不安は「子どものしつけに関すること」が62.3％、「子どもの性格や癖に関すること」が51.5％である。また、育児に不安を訴える母親は8割ほどとの結果があり、その不安の背景を知る必要性があると考えられる。現代日本における育児不安の背景要因は**図表8-1**に示す。

2 相談援助の目指すところ

　相談援助の目的は、相談者が来談者から情報を聴きとり、保護者や子

図表8-1　現代日本の育児不安の背景要因

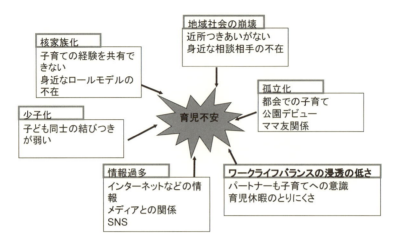

(筆者作成)

どもをより良く育つように援助することが目的である。そして、来談者の強みを子育てに生かすことである。相談援助は指導や教育といった一方通行になりがちな援助ではなく、来談者と相談者が共に協力し合い、より良い方向に進んでいくことである。内容的には、相談者は解決法を提示するほか、来談者の自己決定を促すこと、また他の機関への連携も含まれることになる。そのためには相談者は来談者から確かな情報を得て理解することにより、適切な援助をすることができる。そのためには、相談者と来談者の信頼関係が必要となる。

　例えば、来談者が子どものしつけに関しての悩みに関して相談してきたと仮定する。その内容が社会的通念と明らかに違う場合であっても、相談者が一方的に否定してしまえば対立関係を築いてしまう。そうなってしまうと、来談者をより良い状態へ導くことは難しい。また、一見、理解したように見えたとしても、来談者と相談者の視点がずれてしまったものだと方向性が違ってしまう。そこで、来談者と相談者が本当に信

頼することによって、お互いが協力して子どもへのよりよい支援をすることができる。

相談援助は対象者を指導するということではなく、エンパワメント（元気づける、自分の本来の力を取り戻す）することを目的としている。

第2節　相談援助に活かすソーシャルワークの技法

1　傾聴の技法

信頼関係を築くには、まず傾聴することである。傾聴とは、「相手の話に熱心に耳を傾け、表面的な事実にとらわれることなく、その背景にある気持ちに焦点を当て、相手の立場に立ってその心情を理解しようと努めることである」［沢崎、2005］。つまり、相談者の話すことをさえぎったり、意見をしたりすることなく最後まで熱心に聴くことである。傾聴の効果として考えられるのは、「よく聴いてもらうことによって安心し、満足し、希望をもつことができる。そうした体験が彼らの中にある成長力を強化するのである」［沢崎、2005］。さらには、癒しや自分自身への気づき、心の整理なども考えられる。このように傾聴は来談者にとってよい効果をもたらすが、そのためには相談者は傾聴する際に注意すべき点がある。特に、言葉以外の表現、視線、身体言語、表情、声の調子、言語的追跡などが大切である（**図表8-2**）。

また、傾聴しながら来談者を観察することも重要である。相談者の非言語コミュニケーション（表情、声、ジェスチャー等）および言語コミュニケーションでは「どのようなキーワードが頻繁に出てくるか」などに着目する。

図表8-2　傾聴の際の相談者の態度（筆者作成）

態度	説明
視線	○視線を適度に合わす。→興味・関心がある。 ×視線をはずす。→関心がない。 ×視線が定まらない→落ち着きがない ×凝視する→威圧感を与える。
身体言語	○身体表現（表情やうなずき）をする→関心がある ×身体表現がない→興味がない
表情	○相手の表情と合わせる→共感的理解へ しかし、相手が興奮している場合は合わせない。
声の調子	声のトーン、ペースを合わせる。 なるべく、ゆっくり落ち着いたトーンやペースを守る。 相手が興奮している場合などは、合わせずに落ち着いたトーン、ペースは崩さない。
言語的追跡	うなずきは重要。適度なペースを保ち（早すぎると話をせかせた感じになる）、話の終わりや共感を示す箇所は大きくうなずく。

（筆者作成）

2　応答技法

傾聴だけでは多くの情報を得ることが難しい場合や問題の本質に近づかない場合がある。そこで、適切な応答の仕方が必要になってくる。

(1) 繰り返し

来談者の言葉をそのまま繰り返していく。その際には、来談者の話の中での感情を表現する言葉に着目し繰り返すと感情を反射することになる。例えば、「子どもが何でもイヤと言うから、本当に困ってしまって…」と話された場合、「今、本当に困ってしまっているんですね。」と繰り返すことにより共感的に理解していることが来談者に伝わっていく。このようなやり取りをすることにより共感的理解が深まっていく。また、来談者が話を続ける際に、「こんな話でよいのだろうか」と不安になったときや話につまった際にも、繰り返すことによって励まされている（支持されている）という効果もある。

(2) 感情の明確化

相手の話の内容を要約し、その背後にある感情を言語化することである。来談者は必ずしも自分が何を言いたいかを分かった上で話しているわけではない。話を終えた際に言いたいことや求めているものを繰り返したり、要約する。例えば「おっしゃたことは……ということでしょうか？」などである。こちらの言葉で話しのポイントを表現して相手に返し、その反応を確認することは重要である。

さらに、来談者がはっきりと感じられていない感情を相談者が言語化することにより自分の感情に気づくことができる。このことが来談者の成長につながるため重要である。

たとえば「大したことはないんですが」「正しいとは思っているんですけど」等の台詞から、本当はどう思っているのかを察知し、「気になってはいるようですが、なかなか自分の考えを言いにくいのですね」など具体的に表現する必要性もある。

図表8-3　閉じた質問と開かれた質問の特徴

	閉じた質問(closed question)	開かれた質問(open question)
説明	「はい（yes）」「いいえ（no）」で答えられる質問	相手から具体的な答えが返ってくるような質問
内容	・「〜ですか」 ・「〜しますか」 ・「AもしくはBですか」	・「どうして〜？」(Why) ・「どのように〜？」(How) ・「いつ〜？」(When) ・「誰が〜？」(Who) ・「どこで〜？」(Where) ・「何を〜？」(What)
長所	・短い答えですむ ・考えなくてよい ・手早く情報が収集できる ・言語表現が苦手でも対応できる	・相談者の言葉で主体的に話せる ・気持ちや考えを話せる ・話が展開しやすい ・情報を広く得ることができる
短所	・自由に話せない ・相談者が誘導してしまう ・閉じた質問のみだと威圧的に感じる	・答えづらい ・答えが見つからない場合もある ・言語能力を必要とする

(筆者作成)

3 質問の種類

相談援助の過程において、質問は重要な役割を果たす。質問をすることによって問題の核心をつかむことができる。そのため、質問の仕方には注意が必要である。質問の仕方には大きく分けて2種類あり、閉じた質問(closed question)と開かれた質問(open question)がある。それぞれの特性を理解し、場面ごとに使い分ける必要性がある **（図表8-3）**。

第 3 節　自己決定の尊重

1 自己決定

自己決定とは、「自分のことは自分で決められる」権利である。相談者は、来談者が選択し決定する自由と権利について認識する必要がある。来談者自身による判断や決定を常に尊重しなければならない。相談者の考えを押し付けた行動の強要は決してしてはならない。あくまでも、来談者自身が、自分や子どものために「どうすればよいか」を選択することが重要である。すなわち相談援助とは、来談者が自己決定できるように援助することだといえる。

2 自己決定を促すには

来談者自身が決定にあたり迷ったり、判断が難しい、不安になった場合はその状態を受け入れることである。決定を妨げている問題点を一緒に整理していく必要がある。この際に、決して結論を急がせないことが重要である。また、相談者の考えや思いを押し付けるようなことがないよう留意する。

来談者の判断する情報は必ず正しいものでなくてはいけない。そのた

めには、相談者は常に正確かつ最新の情報を収集していなければならない。その場で不十分なら改めて情報を提示することも必要である。

第4節 相談援助に付随する基本的事項

1 相談の記録の作成・活用

　相談援助を行う際にはどのようなケースであっても必ず来談者の主訴、具体的内容、援助の方法・過程、相談者のコメントを示した記録を作成する。この記録の形式は、機関によって定められている。記録を作成することの目的は、その後の相談や検討に生かすための重要な資料となるからである。事例検討は、相談援助が適切に行われているかを把握するために重要である。

　記録の取り扱いに関しては、個人情報の漏えいにつながるため保管方法や場所は十分に配慮する。

2 他機関との連携

　相談援助の内容によっては、具体的な援助が困難である場合がある。その際には、内容にふさわしい別の機関や専門家を紹介する必要性がある。相談援助を円滑に行うためにも、他機関や専門家と積極的に連携する必要がある。連携を取る頻度が高い機関として「医療機関」「市役所」「保健センター」が考えられる。

　紹介を行う際に、急に「〜へ行って下さい・相談してください」では来談者が拒否や抵抗をおこしてしまい適切な支援が行えなくなってしまう。紹介を行う際には、しっかりと心に寄り添った支援し信頼関係を構築した上でおこなう。

　さらに紹介先の機関や専門家と情報を共有し、協力し合いながら問題

に取り組むことが最善の支援である。

【引用・参考文献】
　厚生労働省　「平成21年度　全国家庭児童調査結果の概要」
　　＜http://www.mhlw.go.jp/stf/houdou/2r9852000001yivt.html＞
　（2018.1.10最終アクセス）
　福島脩美・沢崎達夫・諸富祥彦編『カウンセリングプロセスハンドブック』
　　　金子書房、2004年
　福島脩美『保育のためのカウンセリング入門』一藝社、2015年
　厚生労働省「「相談支援の質の向上に向けた検討会」における議論の取り
　　　まとめ」（平成28年7月19日）

　　　　　　　　　　　　　　　　　　　　　　　　　（田村知栄子）

第9章 相談援助の専門職

第1節 相談援助における専門職との連携

1 相談援助における保育士の役割

　保育士は、児童福祉法第18条において、「専門的知識及び技術をもって、児童の保育及び児童の保護者に対する保育に関する指導を行うことを業とする者」と規定されている。これを踏まえて、保育士は専門職として、保育に関する専門的な知識や技術を背景としながら、子どもたち、保護者の相談援助を行っていく。

　社会状況の目まぐるしい変化やライフスタイルの多様化等により、子育て家庭が抱える悩みや問題は、複雑化、深刻化している。そうした中、子どもたちや保護者が抱える悩みや問題への相談援助に当たっては、医療・福祉・教育等における他分野の専門性を持った専門職、専門機関との連携が必要不可欠となる。

　子どもや保護者が抱えている問題がより複雑化、多様化している中で、保育士として、どの部分において、相談したり、援助したりすることが可能であり、何が不可能であるのかを見極めることが必要である。そして、他の専門職、専門機関と連携を持ち、子どもたち、保護者を相談援助していくことは、保育士の大切な専門性の1つである。

2 専門職について

　子どもたち、保護者と出会い、その発達を支援する専門職は、保育士をはじめとして、医療・福祉・教育等の幅広い分野に渡っている。医療領域においては、医師・看護師、作業療法士、理学療法士、言語聴覚士などが挙げられ、病気の治療や健康増進のみならず、成長や発達の支援に関わっている。

　福祉領域では、保育士をはじめとして、ケアワーカー、ファミリーソーシャルワーカー（家庭支援専門相談員）などが、子育て家庭のソーシャルワーク（social work）に当たっている。ソーシャルワークとは、社会福祉における実践的な活動であり、子どもや保護者が抱えている問題の解決に向けた援助のことである。

　教育の分野においては、教員を中心にさまざまな立場の指導員や心理士職などが存在し、子どもの教育、そして発達支援や訓練、保護者の相談支援に携わっている。3つの領域別に専門職を列挙したが、医療・福祉・教育の各分野は、互いに重なり合い、専門職の分野を特定することは難しい面がある。

3 専門機関について

(1) 独自性を持って機能している専門機関

　医療・教育・福祉等の分野における専門職が配置され、機関としての独自性を持ち、機能しているのが専門機関である。例えば、保育所においては、厚生労働省令によって定められた保育士、嘱託医、調理員の配置がなされている。さらに機能の強化のために、園によっては看護師、心理士等が置かれている。そして、配置された専門職がそれぞれの役割を果たし、保育所としての独自性を持ち、機能している。

　同様に、病院、保健センター、児童養護施設、障害児施設などの専門機関において、医師や保育士、心理士といった互いに重なり合った専門

職が異なる専門機関に配置され、その機関の役割は、それぞれに異なっている。

(2) 専門機関と保育士の連携

他の専門職や専門機関とより効果的に連携していくためには、互いの専門性を生かし、子どもたちと保護者のニーズを把握した上で、支援の方向性について機関同士で検討を重ねていくことが大切である。そして、各専門機関での支援が進んでいく中において、日々の生活の場に関わり、その成長を支えている保育士が、情報の交換や共有などをして専門機関と連携を保つことが子どもたちと保護者への実りのある相談援助となる。

第2節　多様な専門職、専門機関との連携

1　専門機関とは

子どもたちと保護者を支援する専門職、専門機関は多岐にわたり、それぞれの専門機関を規定する根拠となる法律もさまざまである。例えば、地域保健法によって規定された保健所は、保健師を中心として、医師、心理士などが配置され、地域の健康や衛生を守る公的な専門機関である。また、児童相談所は、児童福祉法に規定され、医師、児童福祉司、児童心理司、児童指導員、そして保育士などが配置された行政機関であり、児童のさまざまな問題に対して、支援を行っている。ここでは、保育士が連携をとることが多い専門職、専門機関について挙げていく。

2　医療機関について

病院をはじめとして、保健センター、保健所などが医療の領域における専門機関であり、医師、看護師、助産師、保健師などの専門職種が配置されている。病気やケガの対応、助言にとどまらず、子どもたちの健

康増進、発達支援などに幅広く関わっている。乳幼児の健診事業等でフォローとなる子どもの健康、発育に関する情報、保護者の抱える問題等についての把握は、保育現場における相談援助において、重要である。

3 福祉機関について

福祉機関の中でも、子育て家庭を支援対象とする福祉機関は、各種の行政機関にはじまり、民営の機関を含め多種多様にある。その種類は多く、さまざまな支援が対象者別に多様に展開されている。児童福祉法による行政機関となる児童相談所、児童家庭支援センター、児童発達支援センター等は、保育士をはじめとした多種の専門職種が置かれ、ソーシャルワーク、発達支援等が、各機関の独自性を持って行われている。

4 教育機関について

保育所との連携が必要な教育機関としては、文科省管轄の小学校をはじめとして、さまざまな教育施設がある。そして、幅広い教育的な関わりや支援が教員をはじめとして指導員、心理士等の専門職種によって、展開されている。保育所の先にある小学校との連携において、保育士が果たすべき役割は重要であり、情報の共有や引継ぎを行い、子どもたち、保護者にとって、大きな節目となる就学をサポートすることが求められている。

第3節 専門機関との連携－事例分析

1 発達の遅れが目立つ男の子（3歳）

> S汰くんは、一人で遊んでいることが多く、保育者や友達との関わりが広

> がりにくい。状況を理解して行動することも増え、園生活への適応はみられるが、言語発達のゆっくりさが目立つ。個人懇談の際に、S汰くんの母親より、2つ上の兄と比べて、発達のゆっくりさが気になっていると相談がある。

　担当するクラスにおいて、発達の遅れや歪みが疑われる子どもに出会ったケースである。保育士は、母親の不安や心配な気持ちに寄り添いながら、状況を確認し、園で定期的に実施されている心理相談の予約をしてもらった。相談の前には、母親の了承を得た上で、心理士に園でのS汰くんの様子を見てもらい、日頃の様子についても伝えた。その結果、継続して心理相談を実施し、母親の不安、悩みのフォローと発達の経過を見ていくこととなった。そして今後は、母親のニーズを汲み、発達状況を見て、必要であれば、療育や個別の発達支援が可能である児童発達支援センターや児童デイケアなどの紹介が考えられる。

　日々の生活の中で、子どもたちの心身の発達を支えている保育士は、その遅れや歪みにいち早く気付くことができる立場にある。そして、子どもの発達の悩みから、不安や心配を抱える保護者に寄り添うことが求められる。保護者が子どもの発達のゆっくりさや周りとの差を感じながらも、それを認めたり、受け入れたりすることは難しく、苦しい心理状態が続くものである。このため、母親に寄り添い、母親のペースに合わせて、子どもへの発達支援を進めていくことが必要となる。

　発達に関する心理相談や受診について、保護者の日々の豊かな子育てを支えていく中で、保護者が自ら選択したり、決めたりしていける援助が求められる。そして、他の専門職、専門機関につながった後にも、状況に合わせて、保護者とその意味や必要性を確認していくことも大切な連携となる。

2 ネグレクトが疑われる女の子（4歳）

> K代ちゃんは、園で自ら話をすることは、あまりない状態である。日中も

> 肌寒い日が増えてきたが、半袖・半ズボンで登園し、衣服の汚れが目立つこともある。給食時には、食べることに少々、執着する姿がみられる。送迎時の母親は、保育士の話しかけには、あまり応じず、K代ちゃんに話しかけることもなく、帰っていく。

　子どもの適切な養育がなされていないネグレクトが疑われるケースである。保健センターの保健師が保育所巡回に来た際に、母親の様子、K代ちゃん状態について、保育所の見解が伝えられた。昨年の三歳児健診より、K代ちゃんの状態や家庭状況について、地区担当保健師によるフォローになっているため、保育所からの報告を受けて、家庭訪問等が行われることとなった。そして、児童家庭支援センターに、保健センターの地区担当保健師より、ケース伝達がなされ、必要な対応が取られることとなった。

　ネグレクトなどの虐待が疑われるケースにおいては、保護者からの相談がないことが多いため、子どもの状態に敏感になり、そのサインに気づくことが重要となる。そして、児童虐待などの深刻な問題を抱える保護者と信頼関係を築き、相談援助を進めていくことは、容易なことではなく、慎重で丁寧な関わりが求められる。

　緊急性が高いケースの場合は、保育所から市町村や児童相談所に通報することもある。地域にある家庭に対して、保育所をはじめとして、さまざまな専門機関、専門職が用意されている。子育て家庭が、より深刻な問題を抱えたときは、それらが総動員されて、子育てがサポートされることとなる。そうした中で、日常的に保護者と子どもたちのそばにいる保育士が果たすべき役割は大きい。

3　チック様症状のある男の子（5歳）

> 引っ越してきたT男くんは、新しい環境にも慣れて、友達を作り、園で楽しく過ごすことができている。そんな中、担当保育士は、目をパチパチさせ

> るチック様の症状が、時々気になっていた。そして、口をすぼめたり、首をかしげたりすることも増えてきたため、園から保護者へT男くんの状態について、話をする機会を持った。

　園での子どもの行動や状態が気にかかり、母親へ状況を確認するための機会を保育士から持ったケースである。話を聞く中で、母親自身もT男くんのチック様の症状について、原因を調べたり、情報を収集したりする中で、必要以上に不安になっていることがうかがわれた。

　このため、保育士から、T男くんがしっかりと成長を積み重ねている姿があることを伝え、母親を安心させた。また、嘱託医の内科健診が近いため、個別相談票の提出を勧めた。そして、児童精神科を受診し、服薬治療と定期的なプレイセラピーが行われることになった。園では、保育士が定期的に母親との面談を持ち、T男くんが園で頑張っていることを伝え、母親が主治医から聞いてきた園でできる症状への対応について話し合った。

　子どもの気になる症状や状態について、保護者は、その原因を明らかにしたいという思いから、育て方のせい、環境のせいと思い詰めてしまう。現在の症状や状態は、子どもの成長や発達の流れにおいて必ずしも治すもの・無くすものではなく、「付き合いながら、このまま日々の成長や発達を支えていけばいい」ということに母親が気づくことが一つの援助となる。

　保育士は子ども、保護者に寄り添いながら、気になる症状や状態の経過、本人の心身の発達には注意を払い、医療や心理などの他機関や他職種との連携をしていくことが重要である。また、保護者にとって、専門機関への相談や受診は、ハードルが高く、迷いやためらいを抱えるものであることを理解した上で、日々、子どもたちに関わる保育士がその橋渡しの役目を果たすことが重要である。

4 連携における保育士の役割

　保育に関する知識や技術を生かして、日々の生活の中で、子どもたちの発達、成長を支えていくことが保育士の仕事である。そして、保育士が行う相談支援とは、保護者に寄り添い、援助していくことである。相談支援においては、保護者の抱える問題の多様化や複雑化により、他の専門職、専門機関との連携が必要不可欠となっている。

　しかし、外との連携が強調される中において、目の前の子どもと保護者の姿を見失ってはいけない。子どもたちが毎日を積み重ねて成長していく姿を喜び合える関係の中で、保護者が悩みながらも、日々の歩みを進めていくことを支えていくことが大切である。子どもたちの日々の成長、発達を支えることを基盤として、他の専門職、専門機関とつながっていくことが求められている。

【参考文献】

　西尾祐吾監修、立花直樹・安田誠人・波田埜英治編著『保育の質を高める相談援助・相談支援』晃洋書房、2015年

　西郷泰之・宮島清『ひと目でわかる保育者のための児童家庭福祉データーブック』中央法規、2017年

　秦野悦子・山崎晃 編著『保育のなかでの臨床発達支援』（シリーズ臨床発達心理学・理論と実践3）、ミネルヴァ書房、2011年

　無藤隆・汐見稔幸・砂上史子『ここがポイント！3法令ガイドブック— 新しい「幼稚園教育要領」「保育所保育指針」「幼保連携型認定こども園教育・保育要領」の理解のために —』フレーベル館、2017年

（谷真弓）

第10章 相談援助と社会資源

第1節 社会資源の理解

1 社会資源とは何か？

　社会資源とは、生活をしていく中で抱える生活課題に対して、その解決や向上を図るために用いられる施設、制度、マンパワーの総称と理解できる。簡単に考えれば、病気になったとしたら、病院へ行く。より重い病気になったとしたら大学病院などの大きな病院へ行く。これは「病院」という社会資源を利用しているということになる。また、病院では「医療保険」などの制度的な資源も用いられるし、医師や看護師などのマンパワーも必要となる。これらを総じて社会資源と考え、その社会資源によって、我々の生活は支えられているのである。
　社会資源にもさまざまな分類方法があるが、ここではまず児童家庭福祉の分野において、支援等を行う機関、団体をフォーマル（公的なもの）、インフォーマル（私的なもの）に分けて考えてみる。

2 フォーマルな社会資源

　フォーマルな社会資源とは、法律や制度等に基づいてサービスを提供する機関のことである。フォーマルといっても公的機関に限ったわけでなく、提供するサービスが法律に基づいていることが原則となるので、提供主体は株式会社や特定非営利活動法人（NPO法人）であっても

フォーマルな社会資源となり得る。保育の分野を考えてみよう。保育所を運営している団体は、自治体であったり、社会福祉法人であることが多い。しかし、昨今の待機児童の問題で保育サービスの量的な拡大のため、株式会社が保育所を運営することに乗り出している現状がある。これらは全てフォーマルな社会資源といえるだろう。

このように考えると、我々の生活の中でフォーマルな社会資源は多数存在することが分かる。代表的なものをいえば、保育所の利用申請を行う自治体、児童虐待等の専門的かつ困難なケースに対応する児童相談所、児童養護施設に代表される児童家庭福祉に関する施設などがそれに当たる。特に、児童福祉施設は保育士が活躍する現場であるから、その役割についての理解が必要である。

これらの社会資源は、制度や法律に基づいてサービス提供がなされているため、利用するための経済的負担がない、あるいは抑えられていたり、支援を行うスペース、人材などサービスの質がある程度保障されていると考えられる（**図表10-1**）。

2　インフォーマルな社会資源

インフォーマルな社会資源とは、法律には基づかない形で関わりを持っていく団体などを指す。例えば、ボランティア団体などは法律に基づいて活動しているわけではなく、自主性を重んじて活動がなされている。また自治会・町内会など、生活の基盤となっている地域における団体もインフォーマルな社会資源としてとらえることができる。そして、何よりも家族や親族、友人関係といった日常的なつながりで関わりを持つものもインフォーマルな社会資源として認識されるものである。

インフォーマルな社会資源については、専門的な知識、技術が必ずしもあるわけではない。一方で、サービスの対象となった家庭や人に対して、柔軟性を持って対応できるという点はインフォーマルな社会資源の特徴である。その柔軟性によって、フォーマルな社会資源では対応でき

図表10-1　児童福祉施設の種類

名称	種別
助産施設	保健上必要があるにもかかわらず、経済的な理由により入院助産を受けることが難しい妊産婦が入院し、助産を受けることができる施設。
乳児院	保護者がいない、または保護者の事情で家庭での養育ができない乳幼児を預かって養育する施設。
母子生活支援施設	18歳未満の子どもを養育している母子家庭など、生活上の問題を抱えた母親と子どもが一緒に入所して生活できる施設。
保育所	保護者が働いていたり、あるいは保護者の病気等の理由により、家庭において十分な保育が受けられない乳幼児を預かり、保護者に代わって保育することを目的とする施設。
児童厚生施設	遊びを通じて子どもを健全に育成することを目的とする施設。
児童養護施設	保護者のいない児童、虐待を受けている児童、家庭環境やさまざまな事情により家庭での養育が難しい児童を入所させて養護を行う施設。
障害児入所施設	障害のある児童を入所させて、保護、日常生活の指導および自活に必要な知識や技能の付与を行う施設。福祉サービスを行う「福祉型」と、福祉サービスに併せて治療を行う「医療型」がある。
児童発達支援センター	地域の障害のある児童を通所させて、日常生活における基本的動作の指導、自活に必要な知識や技能の付与または集団生活への適応のための訓練を行う施設。福祉サービスを行う「福祉型」と、福祉サービスに併せて治療を行う「医療型」がある。
児童心理治療施設	軽度の情緒障害を有する児童を、短期間入所または、保護者の下から通わせて、情緒障害を治療し、また退所した者について相談その他の援助を行い自立のための援助を行う施設。
児童自立支援施設	不良行為を行ったか、あるいはそのおそれがある児童、家庭環境等の環境上の理由により生活指導が必要な児童を入所させ、または保護者の元から通わせて、必要な指導を行い、自立を支援することを目的とする施設。
児童家庭支援センター	子ども、家庭、地域住民等からの相談に応じ、必要な助言、指導を行う施設。

出典：［岡本、2013］を基に筆者加筆修正

ない、いわゆる「制度の狭間」の問題について対応できるという点も、インフォーマルな社会資源のポイントとなるところである。

3 法律・制度という社会資源

社会資源として忘れてはならないものの中に、法律や制度というものがある。例えばフォーマルな社会資源は児童福祉法等の法律を根拠としてサービス提供がなされるものであるし、子育て支援のサービスについては、子ども・子育て支援新制度というものがあって提供されるものもある。例えば、乳幼児をはじめとする子どもの医療費について、全額ないしは一部助成を行う乳幼児医療費助成制度などのように、申請して利用することによって、サービスの対象となり家庭の支援となるものがある。したがって、法律・制度という社会資源を積極的に活用するということが、サービスの対象となる家庭や人に対する支援となり得るということである。

第2節 社会資源の活用と開発

1 社会資源の活用

社会資源が存在していることは重要なことである。しかし、それと同様に大切なことは、これらの社会資源が活用されること、利用されることである。制度やサービスは利用されてこそ、その真価を発揮するものである。例えば、児童家庭支援センターに相談窓口を設けたとしても、その相談窓口に訪れる保護者等がいなければ、その制度は活用されていないこととなる。しかし、これをもって、サービスが不必要であると断じることはできない。なぜなら「利用したいと思っていても、その場所が分からない」「分かっていても自分の抱えている問題を話してよいの

か分からない」「そもそも、そのようなサービスを知らない」等、社会資源にアクセスできない状態が考えられるからである。

　この問題に対して、相談援助は向き合う必要がある。すなわち、サービスが必要な家庭等に対して、その必要なサービスがどこにあり、どのようなサポートが受けられるか、説明し、利用に結びつけるという役割である。これはソーシャルワーカーの役割であり、相談援助の学びは、これを実践できるようにする知識と技術なのである。

2　社会資源の開発

　サービスを結びつける支援を行う過程の中で、サービスが必要な家庭、保護者等に本当に必要なサービスが社会資源の中にない場合、新規に社会資源を開発することができる。昨今の取り組みの中で「子ども食堂」というものがある。これは主に貧困家庭や孤食の子どもたちに無料や安価で食事を提供する民間の取り組みである。これは新たな社会資源の開発であり、その活動が中心となって地域に広がりを見せている。このように、サービスが提供できる社会資源がなかったとしても、その過程の中で、必要なものは新たに築き上げていくこともソーシャルワークの役割の一部である。

3　社会資源の連携・協働

　以上のように社会資源を活用し、新たに開発するための基礎として、社会資源と社会資源が連携・協働していくことが必要である。

　図表2は平成30年度から適用される保育所保育指針について、厚生労働省が説明を行ったものである。これを見ると、子どもや家庭で起こる問題について、それぞれの社会資源が持つ特性を生かしながら連携を取って問題解決にあたるということが分かる。これは、1つの社会資源だけでは問題解決ができなくとも、複数の社会資源が連携・協働をすることで、子どもや家庭を支えていくという姿勢を示したものである。す

図表10-2　保育所における子育て支援に関する基本的事項

```
第4章　1　保育所における子育て支援
　　　　　に関する基本的事項
```

| 保育所の特性を生かした子育て支援 | 保護者に対する基本的態度・保育士等の専門性・子どもが常に存在する環境 |

守秘義務を前提としつつ保護者を受容し、その自己決定を尊重する態度
保護者との信頼関係の構築
日常の送迎時や相談等、様々な機会を捉えたコミュニケーション

| 子育て支援に関して留意すべき事項 | 地域の関係機関との連携・保育所全体の体制構築・プライバシーの保護と秘密保持 |

市町村や児童相談所等、地域において子どもや子ども家庭に関するソーシャルワークを担う機関と、必要に応じて連携をとりながら、保育所の機能と専門性を十分に生かした支援を行う
⇒自らの役割や専門性の範囲、地域の関係機関及び関係者の役割や機能を理解し、連携や協働を常に意識して、様々な社会資源を活用していくことの重要性

出典：平成29年度全国保育士養成セミナー　行政説明資料　P49

なわち、複数の社会資源が結び付き、ネットワークを形成することで、サポート体制を構築するというものである。

　これからの児童家庭福祉の中で必要なことは、このような連携・協働の体制を構築していくことであるといえる。

第3節　ワーク

　以下の事例を読んで、どのような支援が必要であり、どのような社会資源を活用すればよいかを考えてワークシートに記入してみよう。
　①まずは個人で考える（約10分）。
　②次に4～5人のグループに分かれ、お互いの意見を交換する（約20分）。
　③まとめとして、社会資源と子どもや保護者を結びつけるために必要なものは何かを考える。

＜事例1＞

　Aさん（女性）は、Bさん（男性）と結婚し、家庭を持っている。Aさんは先日、男児を出産した。しかし、Bさんは仕事の関係で、どうしても帰宅が深夜になり、朝食の準備程度しか家事が担当できない。親類は全て遠方にいるため、支援は見込めない。

必要な支援	社会資源	開発したいサービス

※　子どもが成長したら、ニーズはどのように変化するだろうか？　そのときのことも考えてみよう。

＜事例2＞

　Cさんが勤務する保育所を利用しているD君（4歳）は最近痩せてきていた。特に大きな病気があるわけではない。D君の家庭は、母親のEさんとD君の、いわゆるひとり親世帯で、Eさんは夕方にD君を連れて降園した後、おにぎりなど簡単な夕食を準備して深夜まで働かなければならない状態である。

必要な支援	社会資源	開発したいサービス

※　保育所でできること、社会資源を利用した方がよいこと等を踏まえて考えてみよう。

第10章●相談援助と社会資源

【引用・参考文献】

川村隆彦・倉内恵理子『保育者だからできるソーシャルワーク』中央法規、2017年

永野典詞・岸本元気『保育士・幼稚園教諭のための保護者支援〔新版〕』(これからの保育シリーズ) 風鳴舎、2016年

坪井真・木下聖編『地域福祉の理論と方法〔第2版〕』みらい、2014年

前田敏監修、佐藤伸隆・中西遍彦編『演習・保育と相談援助』(学ぶ・わかる・みえるシリーズ保育と現代社会) みらい、2014年

高野亜紀子「保育ソーシャルワークと保育士養成に関する一考察」『東北福祉大学研究紀要』(第37巻) 2013年、PP.159-174

若宮邦彦「保育ソーシャルワークの意義と課題」『南九州大学人間発達研究(第2巻)』2012年、PP.117-123

岡本幹彦他編集『施設実習ハンドブック〔4訂版〕』みらい、2013年、P.17

平成29年度全国保育士養成セミナー　行政説明資料　P.49

(大野地平)

第11章　保育所における対応事例

第1節　発達が気になる子どもと親への援助

　近年、子どもや家庭を取り巻く環境は複雑・多様化している。子育ての方法が分からず不安やストレスを感じている人、経済的困窮により日常生活や教育格差に苦しんでいる人、病気や障害のある子どもの育児に悩んでいる人、日本に移住し育児に不安を抱える外国籍の人など、私たちが想像する以上に生活課題を抱えた家庭は多い。それだけに、保育士が日常業務の中で相談援助を経験することも少なくない。

　相談援助は不安や悩みを抱えるクライエントに対し、受容、共感などの基本的姿勢を保ちつつ、一定の援助過程を経ながら援助が進められる。しかしながら冒頭でも述べたように、子どもや家庭を取り巻く環境は複雑・多様化し、家庭が抱える生活課題の解決は容易ではない。援助場面においても、保育士とクライエントの一対一の関係だけでは限界があり、社会資源との連携なしに生活課題の解決は難しい。それだけに、私たちが住む地域にどのような社会資源があり、どうすれば活用できるのかを理解しておく必要がある。

第2節　事例の概要

　ユキト君（3歳）は、保育所入所後から一人でいることがあった。3歳

の夏頃からは、よりその行動が目立つようになってきた。担任保育士が指示をしても従わないことが多く、気に入らないことがあると大声を挙げたり、友達関係でもトラブルが多くなっていた。

担任保育士は、今後のユキト君の保育について、主任保育士、保育所長（園長）に相談し、母親であるマナミさん（40歳）に保育所での出来事を話してみることや、ユキト君の家での様子を聞くことにした。

翌日、担任保育士は、ユキト君を迎えに来ていたマナミさんに声をかけた。マナミさんは戸惑いながらも担任保育士との面接を受け入れた。

1　相談援助の過程

(1) インテーク

〈援助場面〉

> 2週間後、担任保育士はマナミさんと面接を行った。
> さっそく、担任保育士からユキト君の保育所での行動について報告した。マナミさんは担任保育士に「そんなはずはない…」と動揺を示した。担任保育士がマナミさんの気持ちを受け止めつつ、ユキト君の家での様子を丁寧に聞いていくうちに、マナミさんは徐々に口を開き始めた。「テレビで見た発達障害の症状とユキトの行動が似ている。でも障害とは認めたくない…。だけど、ユキトの行動にどのように関わればよいのか分からない。夫や両親にも相談できない。話のできる友達もいない」との不安が語られた。
> 担任保育士は、マナミさんの気持ちを受け止めた上で、「一人で悩むことはありませんよ」「これから、ユキト君のことを一緒に考えていきましょうね」と声をかけると、マナミさんは「よろしくお願いします」と答えた。次回の面接日を決めその日の面接は終了した。

初めての面接で不安や緊張感を抱くクライエントは多い。マナミさんについても、これまで担任保育士と面識はあったが、不安や緊張感から話しづらさを感じているかもしれない。マナミさんに安心して心の内を

話してもらうためには、これまで学んできた受容や共感の技術を生かす必要がある。また、面接を行う場所についても、他の人の出入りがないなど環境面への配慮も忘れてはならない。

面接場面の最後に担任保育士が、「一人で悩むことはありませんよ」「これからユキト君のことを一緒に考えていきましょうね」と語りかけている。これにより、クライエントの心の中に、「また話を聞いてくれそうだ」「力になってくれそうだ」といった肯定的な感情が引き出されることもある。

(2) アセスメント

〈援助場面〉

後日、ユキト君や家族の情報を得るために、再度、担任保育士による面接が行われた。マナミさんの家族は、保育所から徒歩で30分ほど離れた一戸建てに住んでいる。マナミさんは週3日、パートで事務員の仕事をしている。夫（43歳）は、医薬品会社で営業の仕事をしている。同居するマナミさんの父親（70歳）には持病があり、あまり無理ができない。母親（68歳）は3年前に脳出血を起こし、現在は介護保険のサービス（要介護3）を受けている。マナミさんは、しっかりものの母親を心の底から慕っている。夫の両親はすでに亡くなっている。

マナミさんは、ユキト君が気になることがあると集中してしまい、何を言ってもその場から動かなくなることや、無理に動かそうとすると大泣きしてしまうこと、目を離したすきに隣の家の庭に入ってしまい注意を受けたことから、「わがままな子だ」と思っている。また、近所の人からも「親の育て方が悪いのでは」と注意を受けたことがある。それらのことから子どもとの関係にストレスを感じている。

父親は、休日はできるだけユキト君と遊ぶようにしているが、子育てはマナミさん任せであった。父親はユキト君について、「少し元気な子。そのうち落ちつくだろう」との印象を持っており、ユキト君の行動についてあまり不安は抱いていない。

マナミさんは育児と同時に母親の介護もしている。朝、家族の食事を準備し、ユキト君を保育所に送り、母親のデイサービス（週3日）がある日はパートに出ている。パートを終えた夕方、ユキト君を迎えに行き、帰宅後は夕食の支度、子どもの入浴、母親の介護をしている。デイサービスのない日は、母親の介護や家事で一日が終わり、疲れがたまっている。母親の担当をしているケアマネージャーには子どものことは話していない。両親はユキト君のことを可愛がってくれているが、いずれ育児不安について相談したいと思っている。マナミさんは今後も保育所からのサポートを希望している。

アセスメントでは、クライエントとその周囲の環境について、詳細な情報を収集し、生活課題を明確にする。クライエントから得られた情報やその分析の質がプランニングやインターベーションに影響を与えるだけに慎重に行う必要がある。事例では、ユキト君の家での様子や、マナミさんが母子関係にストレスを感じていること、父親はユキト君の行動についてあまり不安を抱いていないこと、母親の介護負担などが明らかになっている。マナミさんは家族の理解や助けが十分に得られていない上に、社会資源との関係も希薄であることがわかる。

(3) プランニング

〈援助場面〉

保育所では、アセスメントで得られた情報を用いてケース会議が行われた。ユキト君の保育について、職員全体で情報を共有すること、ユキト君との個別の関りを大切にし、初めてできたことは褒めてあげることなど、配慮の具体的な内容について確認しあった。

また、援助計画について、長期目標を「ユキト君や家族を支えるサポート体制を整える」とした。短期目標および援助内容として、「ユキト君の行動や関わり方を理解してもらうため、保育所での見学の機会をつくること」「マナミさんとユキト君の母子関係を改善するため、保健センターを紹介し、利用を促すこと」「マナミさんの介護負担を軽減するため、マナミさんから居宅介護

> 支援事業所のケアマネージャーに相談してもらうこと」などが話された。また、迷惑をかけている隣の人にユキト君のことを伝えるかどうかについては、ケース会議に参加したマナミさんから「時間をかけて考えたい」とのことであった。援助計画は、マナミさんからも意見を聞くなど共同で取り組んだ。

　プランニングでは、アセスメントで得られた情報をもとに援助計画が作成される。ここでは、長期目標、短期目標を設定するが、あまりにも高い目標はクライエントのプレッシャーになったり、思うように達成できない状態が続くと、気力を奪ってしまうこともある。
　また、課題解決にあたり、クライエントの協力が欠かせない。事例に、「マナミさんの介護負担を軽減するため、マナミさんから居宅介護支援事業所のケアマネージャーに相談してもらう」とあるように、本人に積極的に課題解決に関わってもらうことで、問題解決能力を高めることもできる。援助者が全てにおいて手を差し伸べることが相談援助ではなく、クライエントが積極的・主体的に関わることができる援助計画、援助内容でなくてはならない。

(4) インターベーションおよびモニタリング

〈援助場面〉
> マナミさんは忙しい中、予定を調整し、保育所でユキト君の行動を見学した。予想以上の行動に驚いた様子で、「どうしたら治るのか。良くなることはないのか」と質問してきた。その一方で、お絵かきの途中で部屋を飛び出し戻ってきたユキト君に、保育士が、「ユキト君、お絵かき上手だね」と褒めると、嬉しそうな表情を見せた。それを見たマナミさんは「久しぶりに可愛い笑顔を見たように思います」とつぶやいた。この日の様子を見ていたマナミさんから「夫にもユキトの様子を見せたい。でも忙しくて保育所に来られない。動画を撮影してもよいか？」との質問があった。そこで、保育所長（園長）に了承を得て、プライバシーに配慮しながら一生懸命に撮影していた。担任保育士はマナミさんに「ユキト君とどのように関わっていけばよいのか、

一緒に考えていきましょうね」と声をかけた。その後も送迎時の会話や連絡帳を利用し、担任保育士からユキト君の一日の様子を伝えるうちに、マナミさんも何かあるたびに、担当保育士に質問することが増えてきた。
　夫は当初、マナミさんの撮った動画を見たり、保育所での話を聞いてショックを受けていた。しかし、それが逆にユキト君への関心を強め、保健センターに一緒に付き添うなどの協力が得られるようになってきた。
　マナミさんは、両親にも少しずつユキト君のことを話している。ユキト君の状態は以前と比べると少しだけ落ちつきを見せている。
　介護負担については、マナミさんから居宅介護支援事業所のケアマネージャーに連絡をとってもらい、ユキト君のことも含めて相談し、介護内容の見直しが行われた。マナミさんの父親も可能な限り介護や家事を手伝ってくれるようになり、以前と比べると負担は軽くなっている。

　インターベーションは、援助計画に基づき援助を実施する段階である。援助者は援助場面において、クライエントの側に寄り添うことが原則である。事例のように、「ユキト君とどのように関わっていけばよいのか、一緒に考えていきましょうね」と、共に歩もうとする姿勢が重要である。また、生活課題の解決に向けて社会資源の活用を促していくことになる。その際にも、援助者がクライエントに代わってすべてを行うのではなく、クライエントの潜在能力を信じて、それを引き出せるよう側面からの援助（エンパワーメント）を心掛けることが大切である。
　モニタリングでは、クライエントの生活状況の変化について情報収集を行う。生活状況が改善されつつあれば継続した援助が行われるが、そうでなければ見直しが必要になる。今後、ユキト君の発達の状況や母親の要介護度の変化などによっては、新たな課題が生じることも考えられる。その場合は再アセスメント・プランニングを実施する必要がある。

(5) 終結

〈援助場面〉

援助開始から1年が経ち、マナミさんも、夫も、ユキト君の行動を受け止められるようになってきた。マナミさんは、保健センターの保健師から紹介された子育て支援グループに参加することで、気軽に相談できる友達もできた。また、保健師のアドバイスでユキト君のための医療機関を受診し、現在は経過観察中とのことである。

近所との関係については、「隣の人に勇気を出してユキトのことを伝えた。それ以来、庭に入ったユキトと縁側で話をしてくれるようになった」とのことである。

担任保育士は、マナミさん、保育所長（園長）たちと援助の終結について話しあった。マナミさんは「少し不安はあるが、周りの人の手を借りながら頑張っていきたい」と笑顔で語った。担任保育士は「困りごとがあれば、いつでも話してくださいね」と伝え援助を終了した。

援助の実施により、マナミさんはユキト君の行動を受け止められるようになってきた。また、保健師から紹介された子育て支援グループに積極的に参加したり、隣の人にユキト君のことを話すなど、みずからが課題を解決しようとしている。これは援助者が全てにおいて手を差し出すのではなく、マナミさんがもつ潜在能力を信じ、側面的に援助を行った結果である。

今後もユキト君の成長に伴い、新たな不安や悩みが生じることが考えられる。再び援助が必要となればスムーズに対応できるよう、援助記録を保管するなど終結後の整理をしておく必要がある。

世の中にはマナミさんのように育児に不安や悩みを抱える人は多い。また、人や社会との結びつきを失い孤独を感じている人もいる。保育士による保護者への援助は、子どもを取り巻く環境を改善し、子どもの成長や未来につながることを心に留めておいてほしい。

【ワーク】
・アセスメントの段階までの情報を用いて、マナミさんを中心としたジェノグラムを作成しなさい。
・アセスメントの段階までの情報を用いて、マナミさんを中心としたエコマップを作成しなさい。また、援助終了後のエコマップも作成し違いを確認しなさい。

【引用・参考文献】
小野澤昇・田中利則・大塚良一編著『子どもの生活を支える家庭支援論』ミネルヴァ書房、2013年
金子恵美『保育所における家庭支援―新保育所保育指針の理論と実践』全国社会福祉協議会、2010年
大竹智・倉石哲也編著『社会福祉援助技術』(保育士養成テキスト) ミネルヴァ書房、2008年
青木紀久代編著『実践・保育相談支援』みらい、2015年

(中村年男)

第12章 児童虐待への対応事例

第1節 保育所と保育士の役割

　児童虐待において、保育所あるいは保育士が担う役割は、「児童福祉法」や「児童虐待の防止等に関する法律」などをまとめると、概ね4つ挙げられる。

1 早期発見に努める

　「学校、児童福祉施設、病院その他児童の福祉に業務上関係のある団体及び学校の教職員、児童福祉施設の職員、医師、保健師、弁護士その他児童の福祉に職務上関係のある者は、児童虐待を発見しやすい立場にあることを自覚し、児童虐待の早期発見に努めなければならない」(「児童虐待の防止等に関する法律」第5条第1項　以下「同法」)としている。

　保育所において虐待の発見は、日頃の関わりの中での保育士の気づきがきっかけになることが多い。あるいは、保護者から直接依頼を受けることもある。その意味では、保育所が保護者にとって相談しやすい、安心して本音の出せる場所となるような環境づくりが重要である。

　保育所での相談援助におけるニーズ発見の機会は朝夕の送迎時だけでなく、日常的な関わりの中で展開される。例えば、個人連絡ノート、クラスノート、クラス便り、行事などで情報を得ることもある。また、保護者の参加する親子遠足、運動会、保護者懇談会、個人面談、家庭訪問、保育参観、保育参加なども相談援助が展開される場面である。

2 通告義務

　同法第6条では「児童虐待を受けたと思われる児童を発見した者は、速やかに、これを市町村、都道府県の設置する福祉事務所若しくは児童相談所又は児童委員を介して市町村、都道府県の設置する福祉事務所若しくは児童相談所に通告しなければならない。」としており、「児童福祉法」の第25条では、「要保護児童を発見した者は、これを市町村、都道府県の設置する福祉事務所若しくは児童相談所又は児童委員を介して市町村、都道府県の設置する福祉事務所若しくは児童相談所に通告しなければならない。」（以下省略）としている。

3 関係機関との連携

　また、同法第5条第2項では「前項に規定する者は、児童虐待の予防その他の児童虐待の防止並びに児童虐待を受けた児童の保護及び自立の支援に関する国及び地方公共団体の施策に協力するよう努めなければならない。」としている。

　保育所は、これら機関による支援や施策に協力しなければならないこととしており、保育所が単独で問題を抱え続けることとは異なり、児童虐待の事例に対処するためのチームが組まれ、複数の機関の協働によって対処されるようになる。

　通告後児童相談所などとの協力・連携を図った取り組みや「要保護児童対策地域協議会（子どもを守る地域ネットワーク）などとの連携が求められる。

　要保護児童対策地域協議会は平成16（2004）年の「児童福祉法」の一部改正により法定化されたもので第25条の2の規定に基づく制度である。虐待を受けた子どもなどに対する市町村の体制強化を固めるため、関係機関が連携を図り、児童虐待などへの対応を行うためのネットワーク。平成19（2007）年の改正では努力義務となった。

4 児童虐待防止のための教育・啓発に努める

「学校及び児童福祉施設は、児童及び保護者に対して、児童虐待の防止のための教育又は啓発に努めなければならない。」(同法第5条第3項)とある。

厚生労働省では、毎年11月を「児童虐待防止推進月間」と定め、オレンジリボン運動など期間中に児童虐待防止のための広報・啓発活動などいろいろな取組を集中的に実施しており、地域でも児童相談所や保健所・児童福祉施設などが「児童虐待を防ぐために」などをテーマに、講演会やシンポジウムなどを開催し、児童虐待防止のための広報・啓発活動などを行っている。

第2節 事例

A子さんは4月から保育所に勤め半年が過ぎた10月のある日、担当する2歳児クラスのBちゃん(男児)の着替えを手伝っていると肩のところにやけどの跡を見つけた。早速主任に伝え、一緒に確認した。本人にそのことを聞くと「パパにやられた」というだけで詳細はわからない。その日の夕方、Bちゃんを迎えに来た母親に確認したところ「本人が台所で遊んでいて、やかんのお湯でやけどをしてしまった」とのこと。「これから気をつけます」といって帰ってしまった。児童虐待についてはその疑いを含めて「通告義務」があり、主任は園長とも相談し児童相談所に通告した。児童相談所の児童福祉司が、翌日保育所を訪問し、Bちゃんの様子を観察したが、一時保護が必要なほどの緊急性は確認でなかった。園長、保育士らと児童福祉司の話し合いの結果、現時点で、児童相談所が両親と接触すると、保育所と両親との関係によい影響を及ぼさないので、保育所が両親への働きかけを継続しながら、児童相談所に

は随時報告しながら経過観察をすることになった。

　翌日の朝、主任から母親に「Bくんのやけどのことでもう少しお聞きしたいので夕方お時間いただけますか」とたずねると母親は最初戸惑いの表情を見せたが了承した。その日の夕方、Bちゃんを他の保育士に預け、応接室にて、A子さん、主任保育士、母親とで話し合いがもたれた（インテーク）。

第3節　相談援助のプロセス

1　インテーク（受理）

　保育の現場における支援のあり方については、一般的な相談室などで行われる面接や援助方法とは違う対応が求められる。保育士が保護者の異変に気づき、面接室に迎え入れて話をすることがある。保護者はなかなか切り出せないでいたりすることもあり、迎え入れてもらえたことで安心する。保育士は、保護者が受け入れてくれたことに感謝し、日頃の労をねぎらう。そして面接が始まる。

　事例では、A保育士がBちゃんの異変に気付いた点、すぐさま主任に報告した点が評価される。また、主任がコミュニケーションスキルを生かして日頃から信頼関係（ラポール）を作っていたため母親が面接に応じたと思われる。面接では、いきなり本題に入るのではなく、母親の感情に寄り添いながら、共感・受容的な話しやすい雰囲気の中で進められた。

2　アセスメント（事前評価）

　アセスメントにおいて収集される情報は、主に保護者個人の情報、課題に関わる情報、保護者の環境に関わる情報が基本となる。情報収集に関しては、保護者のネガティブな側面だけではなく、環境も含めストレ

ングス視点（保護者が本来持っている潜在的な「強さ」に焦点をあて、それを支援していく視点）を持つこと、課題状況についても環境全体の視点でその関係性を捉えることが必要である。

(1) 意向聴取

保護者の意向を聴いてニーズのアセスメントを行うとき、しばしば保育士を悩ませる問題がある。それは、保護者によるニーズと保育士の側から見たニーズのズレである。そこで、保護者と保育士は互いの真意を伝え合いながら、一致点を探すことが必要になる。

事例では、アセスメントの結果、父親は関心がないわけではないが、現場作業で仕事が不定期で安定せず、感情に波がある。家にいるときについ手をだしてしまうこともあるとのこと。とくに、先週末、Bちゃんがイヤイヤ期ということもあり、父親の言うことを聞かなかったため、ついカッとなって熱湯をかけてしまった。母親も父親の暴力を恐れ、子どもを守りきれなかったこと。母親はもう少し毅然とした態度をとるべきだった（母親のストレングスといえる）と反省していた。両親とも近くに親族はおらず、近隣との交流も少ない。母親は職場も忙しく子育てに余裕がない。職場の仲間に子育てに関し相談できる人はいる（これも母親のストレングスと言える）といったことも話された。

(2) 児童虐待がおこる背景

ここで、児童虐待がおこる背景について述べておく。「子ども虐待対応の手引き」（厚生労働省）では、主に次の3つのリスク要因に分類しており、さまざまな要因が複雑に絡み合うことで起こるとされてる。

①保護者側のリスク要因

妊娠、出産、育児を通して発生するもの、保護者自身の性格や、精神疾患などの心身の不健康から発生するものである。例として、望まない妊娠で、妊娠そのものを受け入れられない、生まれた子どもに愛情を持てない、保護者が未熟で、育児不安、ストレスが蓄積しやすい、産後うつ病、精神障害、知的障害、慢性疾患、アルコール依存、薬物依存等に

より、心身が不安定になりやすい、保護者自身が虐待経験を持っている、攻撃的な性格、衝動的な性格などが挙げられる。

②子どもの側のリスク要因

手がかかる乳児期の子ども、未熟児、障害児などのほか、子どもの側に何らかの育てにくさがある場合など。

③養育環境のリスク要因

複雑で不安定な家庭環境や家族関係、夫婦関係、社会的孤立や経済的な不安、母子の健康保持・増進に努めないことなど。例として、家族や同居人の住む場所が変わるなど生活環境が安定しない、家庭内で夫婦の不和やDVが起こっている、親戚や地域と関わりを持たず孤立している、失業や仕事が安定しないなどで経済的に行き詰っている、母子共に必要な定期健診を受けていないなどがあげられる。

3 プランニング（援助計画の立案）

(1) 自ら相談をしない保護者への支援

子どもに不適切な関わりをしている保護者に対する支援は、うしろめたさがあるため、解決しなければならない課題の核心に触れて欲しくない、できれば避けたいという気持ちがあるため相談援助が進展しない。

これらの保護者に対しては、「アウトリーチ（outreach）」の概念の導入が求められる。これは「家庭訪問型子育て支援」と言われている。

日常生活の場である自宅ではたくさんの情報が得られるが、保護者としては招き入れることには抵抗があり、十分関係が取れている訪問者であることが望ましい。

＜事例では＞

・関係機関へのアプローチとして、随時児童相談所へ報告をするとともに、「要保護児童対策地域協議会（子どもを守る地域ネットワーク）」への情報提供としてあげる。
・父親へのアプローチとして、機会を見て母親の協力を得て家庭訪問

を実施すること。アウトリーチ（outreach）の方法を用いて家庭の状況を把握する必要があると考えられる。また、保育園が実施する保護者参観や地域にあるNPO法人が開催する「親子遊び教室」を勧め子どもの発達を理解してもらうこと。
・母親へは主任保育士を中心として担任、他の保育士の協力を得て関係性を維持することと、母親が孤立しないよう仲間作りのための子育て講座の情報提供などを行うこと。
・Bちゃんに対しては、日々注意深く行動を観察し、見守り、発達を促していくこと。

以上のことが援助計画として挙げられた。

4　インターベンション（介入）

事例ではプランニングに基づき支援が行われた。主任は、関係機関との連携をとり、父親への働きかけでは、母親の協力を得て、Bちゃんの園での様子を伝えることと家庭での様子を聞きたいということを事前に父親に伝えることで訪問しやすい環境を作ってもらった。

無理のないということで保育所が実施する保護者参観や地域にあるNPO法人が開催する「親子遊び教室」を進めた結果、積極的な回答は得られなかったが、1カ月後、父親は保護者参観に出席した。母親の話によると、思った以上に他の子どもの父親の出席があり驚いていたとのこと。

母親は園が情報提供した休日などに開催される地域のイベントに参加し、同年代の母親たちと連絡を取り合うようになったとのこと。

Bちゃんについては、担当保育士であるAさんが注意深く観察し、その後目立った傷は見当たらなかったとのこと。

5　エバリュエーション（事後評価）

集められた情報は整理され、仮説に基づく検証や、欠けている情報の

再収集・再検証などが繰り返されることで、保護者、問題構造、ニーズへの理解が深まり、解決すべき問題や課題などへの認識が深まっていく。

事例では、保育所のケース検討会において議題としてあがり、父親へのアプローチを1回だけに終わらず、継続して支援していくことが話し合われた。

6 終結

事後評価と重複する部分もあるが、利用者の目的が達成され、問題が解決されたことに対し、援助者と利用者との判断が一致し、問題解決を自力で実行していけることが確認された場合、援助の終結となる。その際に大切なことは、いつでも援助が再開される機会が聞かれていることを利用者にも伝えておくことである。

転居や卒園ということで援助が終結する場合があり、他機関につなげることがある。

事例においては短期的に課題が達成されるわけではなく時間を要する。継続して見ていかなければならない。

【引用・参考文献】
大嶋恭二・金子恵美編著『保育相談支援』建帛社、2011年
社会福祉士養成講座編集委員会編『新・社会福祉士養成講座7―相談援助の理論と方法Ⅰ〔第2版〕』中央法規出版、2010年

（佐久間美智雄）

第13章　児童養護施設における対応事例

第1節　児童養護施設とは

1　児童養護施設の目的と現状

(1) 児童福祉法における児童養護施設

　児童養護施設は「保護者のない児童（乳児を除く。ただし、安定した生活環境の確保その他の理由により特に必要のある場合には乳児を含む。以下この条文において同じ。）、虐待されている児童その他環境上養護を要する児童を入所させて、これを養護し、あわせて退所した者に対する相談その他の自立のための援助を行うことを目的とする施設とする。」（児童福祉法第41条）である。在所中の児童に対してはもちろんのことであるが、退所した者に対する相談および自立援助についても明記されており、児童養護施設における相談援助の重要性が法的にも明記されているともいえる。

(2) 児童養護施設の現状

　平成28年社会福祉施設等調査の概況によると、児童養護施設は全国に609カ所設置されており、定員は3万2,850人となっている。在所者数は調査への回答のあった579施設を合計すると2万5,772人となっている。
　児童養護施設への入所に至る養護問題発生理由については、児童養護施設入所児童等調査結果（平成25年2月1日現在）によると「父又は母の虐待・酷使」が18.1％、「父又は母の放任・怠だ」が14.7％、「父母の精神疾患等」が12.3％、「破産等の経済的理由」が5.9％となっている

(図表13-1)。また、同調査によると在所児童の59.5％が何らかの虐待被害を入所以前に受けており、在所中の児童の心身的なケアや適切な相談援助が求められていることが分かる(図表13-2)。このような状況に対し、1999（平成11）年度から1施設において心理療法を必要とする在所児童10名以上いる場合、心理療法を担当する職員（非常勤）の配置が行われている。

図表13-1「養護問題の発生理由」

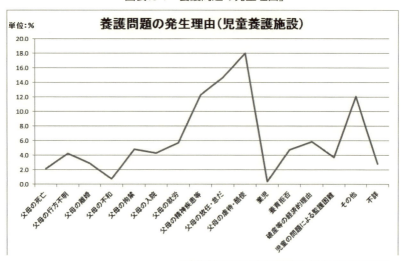

児童養護施設入所児童等調査結果（平成25年2月1日現在）

図表13-2　被虐待経験の有無及び虐待の種類

総数	虐待経験あり	虐待経験の有無（複数回答）				虐待経験なし	不明
		身体的虐待	性的虐待	ネグレクト	心理的虐待		
29,979	17,850	7,498	732	11,367	3,753	10,610	1,481
100%	59.5%	42.0%	4.1%	63.7%	21.0%	35.4%	4.9%

児童養護施設入所児童等調査結果（平成25年2月1日現在）を元に著者作成

2　児童養護施設での専門職の役割

(1) 保育士の役割

　保育士は児童福祉法第18条の4に「保育士とは、第18条の18第1項の登録を受け、保育士の名称を用いて、専門的知識及び技術をもつて、児童の保育及び児童の保護者に対する保育に関する指導を行うことを業とする者をいう。」と定義されている。児童養護施設において保育士は児童指導員と並んで直接処遇職員と明記されており、在所児童の生活指導を行うことが主となる。生活指導の主な内容は、食事の準備や居室の清掃、学習指導学校行事への参加といった在所児童の生活を支える部分中心となるが、悩みごとの相談相手や保護者への連絡調整、児童に関わるケース記録の作成なども含まれる。児童の最も近くで支援を行う保育士は、各児童の自立支援計画の作成において、重要な役割を占めているといえる。

　地域小規模児童養護施設が2000（平成12）年度から創設され、大舎・中舎制施設から一般住宅棟を活用した小舎制施設への移行が進んでいる。この地域小規模養護施設においては6名程度の児童に対して、2名の常勤職員が配置され、一般家庭を模した養護が行われている。保育士はその中で、父親や母親あるいはきょうだいといったさまざまな立場から日常生活の擁護を通して在所児童の抱える問題をケアし、自立に向けた支援を行っていくことが求められる。

(2) 多職種との連携

　児童養護施設では、①生活指導、②学習指導、③職業指導、④家庭環境の調整といった4つの支援・指導が行われている（**図表13-3**）。保育士は児童の自立支援をしていく上で他の専門職の特性を理解し連携・調整を行っていく必要がある（**図表13-4**）。

図表13-3 児童養護施設における4つの支援・指導

生活指導	児童の自主性を尊重しつつ、基本的生活習慣を確立するとともに豊かな人間性及び社会性を養い、かつ、将来自立した生活を営むために必要な知識及び経験を得ることができるように行う。
学習指導	児童がその適正、能力等に応じた学習を行うことができるよう、適切な相談、助言、情報等の支援を行う。
職業指導	勤労の基本的な能力及び態度を育てるとともに、児童がその適正、能力に応じた職業選択を行うことができるよう、適切な相談、助言、情報等の提供及び必要に応じ行う実習、講習等の支援を行う。
家庭環境の調整	児童の家庭の状況に応じ、親子関係の再構築等が図られるように行う。

出典：筆者作成

図表13-4 児童養護施設における多職種

保育士	児童に対して生活指導を行い、基本的生活習慣・社会性・健康管理など自立支援計画に基づいた支援を行う。
児童指導員	児童に対して保育士同様に生活指導を行い、また、学習・道徳・経済観念等への支援を自立支援計画に基づいて行う。
家庭支援専門相談員	児童及び家族の再統合や里親委託、養子縁組等に関わる相談業務・手続きを行う。
心理療法担当職員	虐待等による心的外傷に対して心理療法での支援を行う。
児童福祉司（児童相談所）	養護問題の発生した児童の保護や措置に関わる。また、在所中から家族引き取りにいたるまでの間も連携が必要となる。
児童委員（民生委員）	家族再統合後の見守りや退所じた児童の在宅での支援指導を行うため連携が必要となる。
児童の所属する教育機関	児童の学習状況や生活状況についての情報を共有し、それぞれの児童に合わせた学習指導・生活指導を行うために連携が必要となる。

出典：筆者作成

第2節 児童養護施設における相談援助事例

1 A君（小学2年生・男児）の事例

(1) 事例内容

A君は、母親の失踪（A君が3歳の時）のため父親と2人でアパートに住んでいたが、母親の失踪からしばらくして父親からのネグレクトが

始まった。その後、児童相談所に保護され7歳（小学1年生）の時に児童養護施設に入所した。

　入所後のＡ君は非常におとなしく静かな様子で、担当保育士も手のかからない児童として安心していた。そんなある日、Ａ君の通う小学校の担任の先生から「Ａ君がクラスの友達の消しゴムを盗んだ」という連絡が入った。

　担当保育士が担任の先生に聞き取りを行った結果、担任からはクラス内で起こった内容について次のような説明がなされた。

> ①2年生が始まってからクラス内で鉛筆や消しゴムの紛失が多々見られた。
> ②午前中に使っていた消しゴムがなくなったという訴えをする児童がクラス内におり、帰りの会の際にクラス全員で荷物を確認したら、Ａ君の筆箱の中からなくなった消しゴムが見つかった。
> ③Ａ君の筆箱の中から過去になくなったと他の児童から訴えのあった鉛筆や消しゴムが多数見つかった。

　これらの内容を踏まえ担当保育士はＡ君への確認を行った。Ａ君はこれらのものをとったという認識はなく、「鉛筆と消しゴムはみんなのものなんだよ」と担当保育士に話した。Ａ君の在所している児童養護施設では、小学校低学年児に対して施設内では個人用の筆記用具を与えておらず各ユニット内の低学年児で共有としていた。そのためＡ君は、学校でも同様に考えており、鉛筆と消しゴムは誰がどれを持っていてもよいと考えていたことが判明した。

　その後担当保育士、児童指導員により低学年児でも施設内で個人の鉛筆と消しゴムを用意し、共有物と個人の所持品に関する指導を行った。その結果、その後Ａ君が人の物をとるということはなくなった。

（2）事例考察

　この事例を考えていく中で注目したいのは、Ａ君の「鉛筆と消しゴムは

みんなのものなんだよ」という発言である。A君は児童養護施設という生活の場で鉛筆と消しゴムを在所する低学齢児を共有しており、集団生活においてそれらは個人の所有物ではないと判断したのではないだろうか。

生活の場が与える影響は特に低学齢児に対して大きな影響を与える。保育士や児童指導員は基本的生活習慣や社会のルールを踏まえ、在所児童が社会生活を送れるように支援・指導していくことが求められる。

2　Bさん（高校2年生・女児）の事例

(1) 事例内容

Bさんは、出生時から母親と2人で生活していたが母親の疾病により9歳（小学3年生）の時に児童養護施設に入所した。母親の病状が安定しているときには長期休暇等を利用して一時的に母親とともに生活できている。母親は病気の影響もあり入所前のBさんに辛い言葉をぶつけてしまうこともあったが、病気が快方に向かうにつれて心身的に安定してきており当時のことを後悔している。

病気が快方に向かってきたこともあり、退所時（高校卒業後）にはBさんを引き取りたいという母親の意思を担当児童福祉司から受け、担当保育士と家庭支援専門員を中心に退所支援の計画を進めていくこととなった。

担当保育士は家庭支援専門相談員の同席のもと、母親の意向をBさんに伝えるために面談を行った。Bさんに母親の意向を伝えると次のようなBさんの考えを聞き取ることができた。

①高等学校卒業後に母親と一緒に暮らそうとは考えていなかった。
②高等学校卒業後は、新しい環境（他の都道府県）で働きたい。
③母親のことが嫌いというわけではなく、一人でどこまでできるのか試してみたい。
④母親にも自分にとらわれず、自分の幸せを見つけてもらいたい。

これらの内容を担当児童福祉司を通して母親に伝え、後日担当児童福祉司、担当保育士、家庭支援専門員同席のもとBさんと母親の話し合いが行われることになった。Bさんと母親の話し合いは、大きな問題もなく行われ、退所後は定期的に母親に連絡を取るという条件でBさんの要望通り、他の都道府県で就職することとなった。

　担当保育士と児童指導員は、Bさんの在籍する高等学校と連絡を取り本人の卒業時の就職に関する希望等の調整を行った。また、退所に向けた今後の支援の内容について担当保育士、児童指導員、家庭支援専門員が中心となって検討していくこととなった。

(2) 事例検討

　この事例では退所後に母親と別の生活を行うという方向性になったが、児童養護施設を退所する場合さまざまな状況を考えることができる。

　児童養護施設の職員としてこれらを考える場合、「家族再統合」を目指して支援を計画し進めていく必要がある。「家族再統合」とは、必ずしも家族復帰を意味するものではなく、定期的な外泊や面会などで児童と家族との関係を再構築し、その家族にとって最も望ましい形態を見つけることをいう。

　今回の事例ではBさんが高等学校を卒業し、就職するというタイミングでのものであったため非常に短い期間での支援事例となっているが、本来は家庭支援専門員を中心に児童の入所時から「家族再統合」に向けて計画的に支援を行っていく必要がある。特に児童養護施設の入所に際して虐待が認められる場合には、①なぜ虐待が発生したのか、②虐待を受けた児童の心的外傷が現在どうなっているのか、③虐待を行った保護者が虐待についてどのように考えているのか、が再統合に向けてアセスメントを深めていかなければいけない点となる。また、アセスメントを深めていく際には、虐待の再発を防止する意味も含めて虐待が発生した環境的な要因についても検討が必要となる。

(3) 検討課題（グループワーク）

　Ｂさんは高等学校卒業後、他の都道府県で一人暮らしとなる。児童養護施設の職員として、Ｂさんに対してどのような支援・指導を行っていく必要があるのか。

あなたの考え

| |
| |

グループメンバーの考え

| |
| |

今回の2本の事例は、①生活指導　と　②家庭環境の調整、家族再統合を主題とした相談援助場面を創作したものになっております。

【引用・参考文献】

森本美絵・向井通郎『保育士をめざす人への社会福祉援助技術』西日本法規、2005年

会田元明『子どもとむかいあうための相談援助演習』ミネルヴァ書房、2009年

前田敏雄他監修『演習・保育と相談援助』（学ぶ・わかる・みえるシリーズ　保育と現代社会）みらい、2011年

児童養護施設入所児童等調査結果（平成25年2月1日現在）
〈http://www.mhlw.go.jp/stf/houdou/0000071187.html〉

平成28年度社会福祉施設等調査の概況
〈http://www.mhlw.go.jp/toukei/saikin/hw/fukushi/16/index.html〉

（竹田和樹）

第14章 障害児における対応事例

第1節 障害のある子どもと親への援助

1 障害児保育の現状

　保育には、子ども達の身の周りの世話だけでなく、子ども達自身の世界や可能性を広げていくという大きな役割がある。これは、障害があってもなくても、その機会を等しく提供していかなければならないものである。近年では、子どもの最善の利益、子どもの権利保障などの概念から権利の意識が浸透してきた。そのため、専門家は、より個々のニーズに応じた専門的な関わりをすることが増々求められるようになった。その子どもの障害を理解するということは、一人ひとりの子どもの性格及び生活を理解することである。そして、障害のある子どもを支援するということは、保育士は様々なサービスや社会資源を知っておかなければならないということである。そのため、その人自身のニーズの把握に留まることなく、視野を広げ、その人を取り巻く環境や様々な制度などについても知っておかなければならないのである。

　近年の障害のある人への制度・政策は、ノーマライゼーションの理念を基に、住み慣れた地域で専門的なサービスが受けられるようにと、地域での生活に視点をおいた支援へと変わってきている。よって、障害のある人への対応については、障害者・障害児政策の全体における最新の動向を踏まえ、彼らの人権を守りつつ、それぞれの自立に向けた取り組

みを行っていかなければならない。また、障害のある子ども達への発達支援や生活保障、教育の機会については、本人だけではなく家族への支援も欠かせないため、一番身近な専門職である保育士が、保健・医療・福祉等の専門職と連携をしながら、総合的な支援がなされることが大切である。

2　事例の概要

　さくら（3歳）は、1歳6か月検診で知的障がいと自閉の傾向があると診断を受けた。発語はあるが限られた単語を何度も繰り返したり、母親（さちこ）の呼びかけに反応はしても、返事をしなかったりと、母親でもさくらとのコミュニケーションには手を焼いていた。また、目が合った時に、時折笑顔を見せることはあるが、表情が乏しく、家では気に入ったおもちゃで一人で没頭して遊ぶなど、さくらの成長とコミュニケーション能力について心配していた。

　母親は、短期大学卒業後、一般事務の仕事に就き、34歳で結婚した。第1子のさくらの妊娠を機に退職し、夫（としあき）と二人でさくらを育てている。さくらは一人っ子で兄弟はいない。しかし、夫は、仕事が忙しく、残業や出張に出ることが頻繁にあり、家事や育児に協力的ではない。忙しい夫とは、すれ違いの生活をしており、さくらの育児のことについてゆっくり話す時間がとれなかった。

　家族は、さくらが生まれてすぐ、A市からB市に引っ越した。しかし、周りに知り合いはおらず、母親は育児のことを気軽に相談できる人がいなかった。お互いの両親も遠方におり、電話で相談はするも気軽に預けたり、助けてもらったりできる距離にいなかった。母親は、慣れない環境の中ではじめての育児をしており、上手くコミュニケーションのとれないさくらの育て方に悩んでいた。さくらは、来年4月に保育園の入園を控えている。母親はさくらと他の子どもとの発達の差の違いやうまくコミュニケーションをとっていけるのかについて不安を募らせていた。

母親は思い悩み、眠れなくなっていた。丁度さくらの定期検診があったので、育児のことについて主治医に相談すると、主治医は母親の悩みを聞きアドバイスをした。しかし、同時に母親の精神的な負担と身体的な疲労が重なり体調を崩していることが気になり、母親にも心療内科の受診を勧めた。母親は悩んだ末、少しでも気持ちが楽になるならと思い、主治医の勧めに応じることにした。母親は、総合病院の心療内科に通院を決め、これを機に入園前に少しでも保育所に慣れてほしいと思い、週2回さくらを保育所に預けることにした。

問題 相談者の家族のジェノグラムを書こう。また、この家族の問題点をまとめよう。

3 インテーク

〈援助場面〉

母親はすぐに市役所の保育課に行き、保育所の利用申請手続きを行った。市役所の窓口でさくらの障害のことについて説明をして、できれば理解して受け入れてもらえる保育所を探してほしいと頼んだ。数日後、市役所から、家から近い保育所が見つかった、との連絡がきた。母親は早速、保育所に連絡すると、保育士からさくらを連れて保育所に親子面接に来てほしいと言われた。数日後、親子面接のため、保育所を訪問した。保育士が笑顔で迎えてくれて、面談室に通された。母親は保育士にさくらの性格や家での様子について話をした。保育士は母親の話を丁寧に聞いてくれた。母親は保育士に話をしていくうちに、次第に自分の置かれている状況や家庭の事情、さくらの将来のことへの不安についても話を広げていった。保育士は、話してくれた母親をねぎらいながらも、母親が話すことに耳を傾けた。保育士は、母親が一人で育児を抱え込み、かなりの心労をきたしていることについて心配し、母親に次のような言葉をかけた。「これからは一人で抱え込まず、一緒にさくらちゃんのこ

とを考えていこう。」そうすると、母親は涙ながらに御礼を言い、ほっとした表情を浮かべた。そして母親は、この園にさくらを預けることに決め、保育士とさくらの最初の登園日を決めて、本日の親子面接を終了した。

> 問題　さちこの悩みについてまとめよう。また、悩みを聞く時に保育士はどのようなことに気をつけなければいけないかまとめよう。

4　アセスメント

〈援助場面〉

　さくらが保育所に登園することになって数日が経ち、保育士は、当面の間、さくらの保育所での様子を観察し、記録することにした。そして、ひと月が経過したのちに、母親にさくらの園での生活について気になったことを報告することにした。また、今後のさくらの保育計画を考える上で、保育所での様子だけではなく、これに加えて、家での様子の変化についても情報を集める必要があると考えた。そして、保育士は、母親を呼び、経過報告を兼ねた面接を行った。

　保育士は、はじめに、さくらのこのひと月の生活の様子について報告し、気になったことについて話をした。さくらは、他の子ども達から話しかけられたりすることに、敏感になっており、困惑しているようにも見える。こちらからの呼びかけに反応はするが、返事をしないことが多く、他の子ども達からも少し距離を置き、一人でおもちゃで遊んだり、くるくる回っていたりすることが気になっているとのことだった。そして、他の子どもがさくらに持ってくるおもちゃにあまり興味を示さず、「いやいや。」と言っているとのことだった。

　すると、母親も「こうなることが予想でき心配していた。」と保育士と同じ気持ちであるということを言った。母親は保育士の報告を聞きながら、「さくらの発達が周りの子どもと比べると少し遅れているんじゃ

ないか。」と気にしていた。発達について「一人ひとり違うので、慌てないでほしい。」とアドバイスするとともに、保育士は家で変わった様子はないかを聞いた。母親は「これまで私と離れることがなかったので、保育所に行くようになってから、家でも私から離れたがらなくなった。」と言った。保育士は、「そうですね、まだひと月なのでだんだん慣れてくると思う。」と伝えた。

また、保育所の入所理由が母親の精神的な疾患が主な原因であったため、保育士は、「この間、ゆっくり休めているか。また、家族のサポートは受けられているか。」についても質問を広げた。母親は「保育所に預けている間はゆっくり休めている。」と言い、少し体調も回復したとのことだったので、安心した。夫については、あまり休みが取れないこともあり、家庭のことは相変わらず母親に任せっきりであると言っていた。子育てにあまり積極的ではなく、少し距離を置いているようにも感じると言った。母親から「できれば保育所以外でも様々な育児や障害に対する専門的なサポートが受けたい。」との相談があった。

問題　アセスメントの段階で得られた新しい情報ついてまとめ、この段階における問題を整理しよう。

5　プランニング

〈援助場面〉

保育士は、アセスメントで得られた情報を伝えるために、ケース会議を開いた。保育士は、さくらの日頃の保育の状況とアセスメントで得られた母親からの情報を報告した。そして、保育所と家庭、保育士同志の一貫した支援の必要性とより一層の個別対応が必要であると伝えた。そして、保育士の普段のさくらの保育をする上での必要な配慮点についてまとめ、対応する保育士が固定しがちであるため、一人の保育士が抱え込まないようにすることが大切であると言った。参加者からも意見を聞

き、情報共有が必要であるということから、対応した保育士が朝と帰りの申し送りの時にさくらの状況を報告し、全職員で情報を共有することになった。

　また、保育士は、このケース会議で決まったことを踏まえて、援助計画を立て直した。長期目標については、「さくらの療育の支援体制を整える」とし、短期目標および援助内容としては、「さくらができること、できないことを把握し、さくらに応じた支援をする」「他の子ども達と一緒に遊ぶ」の二つの目標にした。母親にもこの目標については説明をし、了承を得た。

　　問題　援助計画を立てる段階で、話し合われた内容をまとめ、長期目標
　　　　と短期目標を書き出そう。

❻　インターベーションおよびモニタリング

〈援助場面〉

　面接から数日が経ち、母親がさくらを保育所に連れて行くと、保育士がさくらに「おはよう、さくらちゃん。」と声をかけると、嬉しそうな表情を浮かべ、母親に「ばいばい。」と手を振り、保育士と手をつないで園庭に向かった。保育士は、さくらと一緒に外で思いっきり遊んでから保育室に戻るという工夫をした。すると、少し落ち着きをみせ、さくらは保育士との距離が近づき信頼するようになった。その日の夕方、母親がさくらのお迎えの時に、保育士から今日のさくらの様子について報告があった。「今日は、さくらちゃんが好きな外遊びをした後に、保育室に戻るという工夫をしてみたら、そのあと、すっかり落ち着いて、保育室に戻った。」とのことだった。

　そして、保育士は、さくらが初めの頃に比べると少し変わったと言い、その様子を母親の体調が良い時に、見学をしてもらうことを提案した。母親は賛同し、後日保育見学のため来園した。母親はさくらがお友達と

おもちゃで遊んでいる様子を見て驚いた。保育士からは、「さくらちゃん、今日は朝からずっとお友達と遊んでいて、途中で遊びたいおもちゃが重なって、おもちゃの取り合いになって泣いてしまった。」とのことだった。母親はそれを聞いてすぐにお詫びをしたが、保育士は、「今日はお友達とおもちゃで遊んでいたが、お互い上手く言葉で言えずに、取り合いになってしまった。だけど、だんだん慣れてくると仲良く遊べるようになると思うので、もう少し見守ろう。」と伝えると、母親はそれを聞いて安心した表情を浮かべた。

　また、母親は担任保育士にさくらの発達のことやこれからの教育のことが心配であるという悩みを打ち明けた。保育士は、発達について専門的に相談できる機関として病院の外にも総合療育センターがあることを教えた。母親は、「相談してみたい。」と言い、後日相談に行くことになった。

　問題　この段階において、保育士がさくらと母親に実際に支援した内容について、まとめてみよう。

7　終結

〈援助場面〉

　母親は総合療育センターに行き、相談員に相談をした。すると、相談員は、優しく受け止めてくれ、色々な支援の方法があることを教えてくれた。その一つとして、相談員からの提案で、さくらの家での様子を見て、支援方法の方向性を決めていくのはどうか、との提案があった。母親は帰宅後、夫に相談し、さくらのことを夫も気になっていたとのことだったので、その提案を受け入れてくれた。そして、後日相談員が家庭訪問に来て、相談員はさくらの様子について配慮点を教えてくれた。夫からは、「さくらの育児にどのように関わっていったら良いかわからなかった。でも、今日色々なことが聞けたので、さくらのことが少しわ

かった。」と言った。今後は育児にも協力したいと言ってくれた。

　相談員は、さくらの保育所の保育所長（園長）と担任保育士と連絡をとり、情報交換しながら、一貫した支援ができるように話を通してくれた。母親は、「色々な方の協力が得られることで、こんなに気持ちが楽になるのかと思った。周りの人と手をとりあいながら頑張っていきたい。」と笑顔で言った。保育士は、「何か不安なことがあれば、いつでも話してほしい。」ということを伝え、援助を終結した。

　　問題　終結の段階において、これまで行った支援について評価をし
　　　　みよう。

【引用・参考文献】
　大嶋恭二・金子恵美編著『相談援助』建帛社、2014年
　相澤譲治・井村圭壯・安田誠人編著『児童家庭福祉の相談援助』建帛社、
　　2011年
　堀智晴・橋本好市編著『障害児保育の理論と実践―インクルーシブ保育の
　　実現に向けて―』ミネルヴァ書房、2010年
　相澤譲治編著『保育士をめざす人の社会福祉〔8訂〕』みらい、2017年

（古野愛子）

第15章 ロールプレイ・フィールドワーク

第1節 ロールプレイの演習

1 ロールプレイとは

　ロールプレイとは、あるテーマやシナリオに基づいて模擬的に役割を演じ、その体験から考察や理解を深めていく事例分析の方法である。ロールプレイを効果的に行うためには、主体的な参加と、与えられた役割になりきること、役割を演じる相手と信頼関係があることが必要である。終了後は、それぞれの立場から感じたことや考えたことを述べ、事例分析を深める。また、観察者から様子などを報告してもらうなどの振り返りも行う。ロールプレイを繰り返し行うことで、実際の場面ではあせらず理想的に対応することが可能となる。ロールプレイは、参加者から役割を演じる者を選び、それ以外の者が観察者となる「シアター型ロールプレイ」と、グループに分かれて参加者全員が役割を演じる「ラウンジ型ロールプレイ」がある。

　この節では、保育士と利用者役のシナリオに参加し、それぞれの立場から役割を体験し、実際の相談援助での適切な関わり方を検討する。

2 ロールプレイによる相談援助の実践

　次の事例を読み、ロールプレイによって、保育士、利用者、観察者を体験し、事例分析を行う。保育士役は、「援助者としての心構え」「相談

援助の過程」「傾聴や共感などの面接の基本的応答」を意識的に用いて役割を演じる。ロールプレイ終了後は、[振り返りシート1]を用いて振り返りを行う。

(1) 演習のすすめ方

①基本型ロールプレイ

1. 2人ペアになり、保育士役、利用者役を決める。
2. 利用者役は、自分で架空の事例（問題や家族構成等）を考える。
3. 保育士役は、相談援助で学んだ技法を活用して対応する。
4. 保育士役と、利用者役から感想や気づきを述べる。
5. 役割を交代して、演習する。

②シアター型ロールプレイ

1. 参加者の中から保育士、Aさんを選出する。それ以外の者は、観察者となる。
2. 保育士役は、「保育士役のポイント」を読み、理解する。
3. 保育士役とAさんは、自分なりのストーリーやアドリブを加える。
4. 終了後、参加者全員で、Aさんのエコマップを作成する。
5. 保育士役とAさん役から感想や気づきを述べる。
6. 観察者は、「援助者としての心構え」「相談援助の過程」「傾聴や共感などの面接の基本的応答」が効果的に使用されていたか保育士役に伝える。

③ラウンジ型ロールプレイ

1. 3～5人の小グループを作る。
2. 「シアター型ロールプレイ」と同様に演習をすすめる。
3. 途中に休憩を入れ、保育士役・Aさん・観察者の役割を交代しながら演習する。
4. 各グループの代表者が話し合われた内容を報告し、参加者全員で情報を共有する。

※一人で演習を行う場合は、保育士としてどのように関わったほうがよいのか、Aさんだったらどのように関わってほしいかを「振り返りシート1」に書き記し、振り返る。

(2) 事例：子どものしつけと育児不安

家族構成：Aさん（妻）＝35歳主婦、Bさん（夫）＝36歳会社員
C君＝3歳5カ月（長男）・保育所利用、D君＝1歳3カ月（次男）
相談場所　AさんがD君を連れて、日中に保育園に来園し、相談ルームで対応

　C君（長男）は静かな性格でAさん（妻）の言う事を何でも聞いてくれた良い子どもだったが、最近、D君（次男）とけんかをしたり、わがまま言うようになった。

　Bさん（夫）は、C君とよく話をしたり遊んでくれたが、最近仕事が忙しく、残業や休日出勤も重なり、C君と話すのは、朝食のときだけである。

　Aさん、Bさんの親は近くに住んでいないため、親に相談はできない。Bさんの仕事の都合で、1年前にこの町に引っ越し、貸家に住んでいる。Aさんは、周りに知り合いもいなく、C君とD君の育児と家事に追われ疲れている。Aさんは、C君に大きな声で怒るようになり、手を上げそうな気持になっている。

　相談に応じた保育士は、Aさんの気持ちを受け止めながら対応した。Aさんには、育児不安を軽減するため、一時預かり保育や、子育てサークルを紹介し、Bさんにも育児への協力をお願いするよう提案した。また、C君はいろいろなことに挑戦しながら、自分自身を成長させようと頑張っている時期なので、温かく見守ってほしいと伝えた。

　その後、AさんはBさんと話し合い、Aさんは月1回の子育てサークルを1年間利用することになった。

3　保育士役のポイント

(1) 相談を受ける上での心構え（「バイステックの7原則」に沿って）

①個別化の原則

Aさんを応援するつもりで、「だいじょうぶですよ。ほかの人も同じような問題を抱えていても、頑張って生活していますから」と応じても、Aさんにとっては、ほかの人と同じ程度の問題として扱われたと感じてしまうこともある。保育士は、「ああ、また同じような相談だ」と捉えるのではなく、利用者は常に初めて相談に来る人だという認識で対応する。

②意図的な感情の表出

不安のあまりAさんが泣き出してしまったときに「落ち着いてください。そんなに泣かないでください」と感情を抑圧するのではなく、「今までお一人で悩んで本当につらかったのですね」と、Aさんが抑えていた感情を自由に表に出せるような雰囲気を作る。

③統制された情緒的関与

保育士は、Aさんの話の内容や表情、しぐさ等から感情を推察して、適切な形で反応しなければならない。Aさんがつらい話をしているときに、励まそうと考えて笑顔で対応するのではなく、Aさんと同じ心境に立って共感し対応する。

④受容

「声だけではなくて、手を上げたくなる気持ちも出てきました」とAさんに打ち明けられたとき、「それはいけませんね。虐待にもつながりますよ」と伝えるのではなく、なぜそのような気持ちにならざるを得なかったのかを推察し、あるがままの姿を受け止める。

⑤非審判的態度

AさんがC君に「手を上げたくなる」と打ち明けたとき、批判するのではなく、「一人でいろいろなことを抱えてしまって、Aさんも疲れていませんか」と共感し、Aさんの思いを受け止める。

⑥自己決定

　Aさんが抱えている課題の解決方法を考える際に、保育士の一方的な押し付けで社会資源を紹介してはならない。

⑦秘密保持

　相談の初め、Aさんは、相談内容が誰かに知られてしまうかもしれないという警戒心を抱いている。信頼関係が深まり、この人にならば全てを打ち明けられるという状態になった後に、本心を語り始める。

(2) 相談援助の過程

①インテーク（相談を引き受ける場面）

　Aさんに相談をもちかけられた瞬間から、相談援助が始まっている。利用者は、保育士の表情やしぐさ、声のトーンなどから、話しやすい人かどうかを敏感に感じ取る。信頼関係を構築できるかどうかの大切な場面であるから、インテークでは、緊急の相談を除き、次の過程であるアセスメント情報を聞くことは避けたほうがよい。

　最初はあせらず信頼関係を結ぶことと、Aさんが悩んでいる問題は何かを聞き、保育士が所属している組織で解決できるかを判断する。保育所等で問題が解決できないと判断した場合は、Aさんを児童相談所や病院など他の機関に紹介することもある。

②アセスメント（情報収集と課題の明確化）

　続いて、C君の様子やAさんの家族の状況、問題に至った経緯などを詳しく聞き、Aさんの課題をより明確化させる。アセスメントで聞いた情報は、マッピング（ジェノグラム、エコマップ、ファミリーマップ）を活用すると、Aさんがおかれている状況を整理して把握することができる。同時に、保育士はAさんや家族、保育所や福祉サービス等の支援体制を検討する。

③援助計画の立案

　保育士は、アセスメントされた情報を基に、解決の目標、方法、期間についてAさんの合意を得ながら援助計画を立案する。援助計画は、保

育士が一方的に決定するのではなく、Aさんや家族に決めてもらうよう支援する。

 ④**援助計画の実施**

計画に沿ってAさんや家族が取り組んでいる間、保育士はAさんに声をかけて様子を聞くなどの側面的な支援を実施する。

 ⑤**評価**

Aさんが子育てサークルを利用して1年経った後、保育士からAさんに声をかけ、その後のAさんと家族の様子を聞いた。もし、新たな問題が発生したり、問題が解決されていないと判断されたときは、もう一度アセスメントを実施する。

 ⑥**終結**

保育士とAさんの評価の結果に基づいて、一連の援助関係を終了させる。また、保育士は、Aさんが援助目標を達成するのが困難、あるいは他機関への送致が必要な場合、援助過程の途中であっても終結を実施する必要がある。最後に「何かありましたら、いつでも相談に来てください」と一言添え、援助関係を終結させる。

(3) **傾聴や共感などの面接の基本的応答**

保育士は、事務的に問題を解決するのではなく、傾聴や共感などの面接の基本的応答技術を活用し、Aさんの気持ちに寄り添ったかかわりをする。

第2節　フィールドワークの演習

1　フィールドワークとは

フィールドワークとは、調査対象地域の社会と文化などを明らかにするために、調査者が地域に入り込み、そこに住む人々と関わりながら観

察や聞き取り調査を行うものである。この研究の手法は、調査対象地域と信頼関係を結ぶことから始まり、調査者を通して得られたデータを記述して分析するのが特徴である。

この節では、演習の場を保育所などの福祉施設に移し、実際に行われている相談援助を聞き取り、記述し、分析するフィールドワークを行うことを目的とする。

2 フィールドワークの演習

皆さんが、実習や見学、ボランティアなどで保育所などを訪れた際、現場の保育士から相談援助に関する聞き取り調査を行う。

(1) 演習のすすめ方
　1. 調査を依頼する際は、調査の目的、何を明らかにするための調査なのかを明確に伝え、協力をお願いする。
　2. 調査の結果は、「振り返りシート2」に記述する。
　3. 5名程度の小グループに分かれて報告会を行い、意見や感想を述べる。

振り返りシート1＜ロールプレイ演習＞

1. Aさんの情報をエコマップでマッピングしましょう。

2. 各役割を演じてみて感じことや考えたことを書きましょう。
（シアター型ロールプレイの場合は、保育士役、Aさん役が発表した感想や気づきを記入しましょう）
・保育士役　・Aさん役　・観察者

3. この事例分析を通して学んだことを書きましょう。

> **振り返りシート2＜フィールドワーク演習＞**
>
> 1　調査対象（施設名、対応してくれた人の役職・名前）
>
> 2　誰からどのような相談を受けたのか、相談内容を書きましょう。
>
> 3　どのような支援を行ったのかを書きましょう。
>
> 4　グループのメンバーからの意見や感想を書きましょう。

　　4.各グループの代表者が話し合われた内容を報告し、参加者全員で情報を共有する。

　　※一人で演習を行う場合は、自分自身で意見や感想を考えてみる。

【引用・参考文献】

岩間伸之『対人援助のための相談面接技術―逐語で学ぶ21の技法』中央法規、2008年

山田容『ワークブック 社会福祉援助技術演習①―対人援助の基礎』ミネルヴァ書房、2003年

台利夫『ロールプレイング〔新訂〕』日本文化科学社、2003年

長尾博『やさしく学ぶカウンセリング26のレッスン』金子書房、2008年

福原眞智子『マイクロカウンセリング技法―事例場面から学ぶ』風間書房、2007年

　　　　　　　　　　　　　　　　　　　　　　　　　　　　（白澤宏明）

付録（関連資料）

◎幼稚園教育要領(平成29年 文部科学省 告示) ── 抜粋

第2章　ねらい及び内容
　健　康
　人間関係
　環　境
　言　葉
　表　現

◎保育所保育指針(平成29年 厚生労働省 告示) ── 抜粋

第2章　保育の内容

1　乳児保育に関わるねらい及び内容
　(1) 基本的事項
　(2) ねらい及び内容
　(3) 保育の実施に関わる配慮事項

2　1歳以上3歳未満児の保育に関わるねらい及び内容
　(1) 基本的事項
　(2) ねらい及び内容
　　ア　健康
　　イ　人間関係
　　ウ　環境
　　エ　言葉
　　オ　表現
　(3) 保育の実施に関わる配慮事項

〔注〕「保育所保育指針」第2章所収の＜3 3歳以上の保育に関わるねらい及び内容＞
　　　については、「幼稚園教育要領」第2章とほぼ同様の内容なので、掲載していない。
　　　上記「要領」第2章を参照されたい。

◎幼稚園教育要領——抜粋
(平成29年　文部科学省 告示)

第2章　ねらい及び内容

健康
〔健康な心と体を育て、自ら健康で安全な生活をつくり出す力を養う。〕

1　ねらい
(1) 明るく伸び伸びと行動し、充実感を味わう。
(2) 自分の体を十分に動かし、進んで運動しようとする。
(3) 健康、安全な生活に必要な習慣や態度を身に付け、見通しをもって行動する。

2　内容
(1) 先生や友達と触れ合い、安定感をもって行動する。
(2) いろいろな遊びの中で十分に体を動かす。
(3) 進んで戸外で遊ぶ。
(4) 様々な活動に親しみ、楽しんで取り組む。
(5) 先生や友達と食べることを楽しみ、食べ物への興味や関心をもつ。
(6) 健康な生活のリズムを身に付ける。
(7) 身の回りを清潔にし、衣服の着脱、食事、排泄などの生活に必要な活動を自分でする。
(8) 幼稚園における生活の仕方を知り、自分たちで生活の場を整えながら見通しをもって行動する。
(9) 自分の健康に関心をもち、病気の予防などに必要な活動を進んで行う。
(10) 危険な場所、危険な遊び方、災害時などの行動の仕方が分かり、安全に気を付けて行動する。

3　内容の取扱い
上記の取扱いに当たっては、次の事項に留意する必要がある。
(1) 心と体の健康は、相互に密接な関連があるものであることを踏まえ、幼児が教師や他の幼児との温かい触れ合いの中で自己の存在感や充実感を味わうことなどを基盤として、しなやかな心と体の発達を促すこと。特に、十分に体を動かす気持ちよさを体験し、自ら体を動かそうとする意欲が育つようにすること。
(2) 様々な遊びの中で、幼児が興味や関心、能力に応じて全身を使って活動することにより、体を動かす楽しさを味わい、自分の体を大切にしようとする気持ちが育つようにすること。その際、多様な動きを経験する中で、体の動きを調整するようにすること。
(3) 自然の中で伸び伸びと体を動かして遊ぶことにより、体の諸機能の発達が促されることに留意し、幼児の興味や関心が戸外にも向くようにすること。その際、幼児の動線に配慮した園庭や遊具の配置などを工夫すること。
(4) 健康な心と体を育てるためには食育を通じた望ましい食習慣の形成が大切であることを踏まえ、幼児の食生活の実情に配慮し、和やかな雰囲気の中で教師や他の幼児と食べる喜びや楽しさを味わったり、様々な食べ物への興味や関心をもったりするなどし、食の大切さに気付き、進んで食べようとする気持ちが育つようにすること。
(5) 基本的な生活習慣の形成に当たっては、家庭での生活経験に配慮し、幼児の自立心を育て、幼児が他の幼児と関わりながら主体的な活動を展開する中で、生活に必要な習慣を身に付け、次第に見通しをもって行動できるようにすること。

(6) 安全に関する指導に当たっては、情緒の安定を図り、遊びを通して安全についての構えを身に付け、危険な場所や事物などが分かり、安全についての理解を深めるようにすること。また、交通安全の習慣を身に付けるようにするとともに、避難訓練などを通して、災害などの緊急時に適切な行動がとれるようにすること。

人間関係

〔他の人々と親しみ、支え合って生活するために、自立心を育て、人と関わる力を養う。〕

1　ねらい

(1) 幼稚園生活を楽しみ、自分の力で行動することの充実感を味わう。
(2) 身近な人と親しみ、関わりを深め、工夫したり、協力したりして一緒に活動する楽しさを味わい、愛情や信頼感をもつ。
(3) 社会生活における望ましい習慣や態度を身に付ける。

2　内容

(1) 先生や友達と共に過ごすことの喜びを味わう。
(2) 自分で考え、自分で行動する。
(3) 自分でできることは自分でする。
(4) いろいろな遊びを楽しみながら物事をやり遂げようとする気持ちをもつ。
(5) 友達と積極的に関わりながら喜びや悲しみを共感し合う。
(6) 自分の思ったことを相手に伝え、相手の思っていることに気付く。
(7) 友達のよさに気付き、一緒に活動する楽しさを味わう。
(8) 友達と楽しく活動する中で、共通の目的を見いだし、工夫したり、協力したりなどする。
(9) よいことや悪いことがあることに気付き、考えながら行動する。
(10) 友達との関わりを深め、思いやりをもつ。
(11) 友達と楽しく生活する中できまりの大切さに気付き、守ろうとする。
(12) 共同の遊具や用具を大切にし、皆で使う。
(13) 高齢者をはじめ地域の人々などの自分の生活に関係の深いいろいろな人に親しみをもつ。

3　内容の取扱い

上記の取扱いに当たっては、次の事項に留意する必要がある。

(1) 教師との信頼関係に支えられて自分自身の生活を確立していくことが人と関わる基盤となることを考慮し、幼児が自ら周囲に働き掛けることにより多様な感情を体験し、試行錯誤しながら諦めずにやり遂げることの達成感や、前向きな見通しをもって自分の力で行うことの充実感を味わうことができるよう、幼児の行動を見守りながら適切な援助を行うようにすること。
(2) 一人一人を生かした集団を形成しながら人と関わる力を育てていくようにすること。その際、集団の生活の中で、幼児が自己を発揮し、教師や他の幼児に認められる体験をし、自分のよさや特徴に気付き、自信をもって行動できるようにすること。
(3) 幼児が互いに関わりを深め、協同して遊ぶようになるため、自ら行動する力を育てるようにするとともに、他の幼児と試行錯誤しながら活動を展開する楽しさや共通の目的が実現する喜びを味わうことができるようにすること。
(4) 道徳性の芽生えを培うに当たっては、基本的な生活習慣の形成を図るとともに、幼児が他の幼児との関わりの中で他人の存在に気付き、相手を尊重する気持ちをもって行動できるようにし、また、自然

や身近な動植物に親しむことなどを通して豊かな心情が育つようにすること。特に、人に対する信頼感や思いやりの気持ちは、葛藤やつまずきをも体験し、それらを乗り越えることにより次第に芽生えてくることに配慮すること。

(5) 集団の生活を通して、幼児が人との関わりを深め、規範意識の芽生えが培われることを考慮し、幼児が教師との信頼関係に支えられて自己を発揮する中で、互いに思いを主張し、折り合いを付ける体験をし、きまりの必要性などに気付き、自分の気持ちを調整する力が育つようにすること。

(6) 高齢者をはじめ地域の人々などの自分の生活に関係の深いいろいろな人と触れ合い、自分の感情や意志を表現しながら共に楽しみ、共感し合う体験を通して、これらの人々などに親しみをもち、人と関わることの楽しさや人の役に立つ喜びを味わうことができるようにすること。また、生活を通して親や祖父母などの家族の愛情に気付き、家族を大切にしようとする気持ちが育つようにすること。

環境

〔周囲の様々な環境に好奇心や探究心をもって関わり、それらを生活に取り入れていこうとする力を養う。〕

1 ねらい

(1) 身近な環境に親しみ、自然と触れ合う中で様々な事象に興味や関心をもつ。

(2) 身近な環境に自分から関わり、発見を楽しんだり、考えたりし、それを生活に取り入れようとする。

(3) 身近な事象を見たり、考えたり、扱ったりする中で、物の性質や数量、文字などに対する感覚を豊かにする。

2 内容

(1) 自然に触れて生活し、その大きさ、美しさ、不思議さなどに気付く。

(2) 生活の中で、様々な物に触れ、その性質や仕組みに興味や関心をもつ。

(3) 季節により自然や人間の生活に変化のあることに気付く。

(4) 自然などの身近な事象に関心をもち、取り入れて遊ぶ。

(5) 身近な動植物に親しみをもって接し、生命の尊さに気付き、いたわったり、大切にしたりする。

(6) 日常生活の中で、我が国や地域社会における様々な文化や伝統に親しむ。

(7) 身近な物を大切にする。

(8) 身近な物や遊具に興味をもって関わり、自分なりに比べたり、関連付けたりしながら考えたり、試したりして工夫して遊ぶ。

(9) 日常生活の中で数量や図形などに関心をもつ。

(10) 日常生活の中で簡単な標識や文字などに関心をもつ。

(11) 生活に関係の深い情報や施設などに興味や関心をもつ。

(12) 幼稚園内外の行事において国旗に親しむ。

3 内容の取扱い

上記の取扱いに当たっては、次の事項に留意する必要がある。

(1) 幼児が、遊びの中で周囲の環境と関わり、次第に周囲の世界に好奇心を抱き、その意味や操作の仕方に関心をもち、物事の法則性に気付き、自分なりに考えることができるようになる過程を大切にすること。また、他の幼児の考えなどに触れて新しい考えを生み出す喜びや楽しさを味わい、自分の考えをよりよいものにしようとする気持ちが育つようにすること。

(2) 幼児期において自然のもつ意味は大きく、自然の大きさ、美しさ、不思議さなどに直接触れる体験を通して、幼児の心が安らぎ、豊かな感情、好奇心、思考力、表現力の基礎が培われることを踏まえ、幼児が自然との関わりを深めることができるよう工夫すること。

(3) 身近な事象や動植物に対する感動を伝え合い、共感し合うことなどを通して自分から関わろうとする意欲を育てるとともに、様々な関わり方を通してそれらに対する親しみや畏敬の念、生命を大切にする気持ち、公共心、探究心などが養われるようにすること。

(4) 文化や伝統に親しむ際には、正月や節句など我が国の伝統的な行事、国歌、唱歌、わらべうたや我が国の伝統的な遊びに親しんだり、異なる文化に触れる活動に親しんだりすることを通じて、社会とのつながりの意識や国際理解の意識の芽生えなどが養われるようにすること。

(5) 数量や文字などに関しては、日常生活の中で幼児自身の必要感に基づく体験を大切にし、数量や文字などに関する興味や関心、感覚が養われるようにすること。

言葉

〔経験したことや考えたことなどを自分なりの言葉で表現し、相手の話す言葉を聞こうとする意欲や態度を育て、言葉に対する感覚や言葉で表現する力を養う。〕

1　ねらい

(1) 自分の気持ちを言葉で表現する楽しさを味わう。

(2) 人の言葉や話などをよく聞き、自分の経験したことや考えたことを話し、伝え合う喜びを味わう。

(3) 日常生活に必要な言葉が分かるようになるとともに、絵本や物語などに親しみ、言葉に対する感覚を豊かにし、先生や友達と心を通わせる。

2　内容

(1) 先生や友達の言葉や話に興味や関心をもち、親しみをもって聞いたり、話したりする。

(2) したり、見たり、聞いたり、感じたり、考えたりなどしたことを自分なりに言葉で表現する。

(3) したいこと、してほしいことを言葉で表現したり、分からないことを尋ねたりする。

(4) 人の話を注意して聞き、相手に分かるように話す。

(5) 生活の中で必要な言葉が分かり、使う。

(6) 親しみをもって日常の挨拶をする。

(7) 生活の中で言葉の楽しさや美しさに気付く。

(8) いろいろな体験を通じてイメージや言葉を豊かにする。

(9) 絵本や物語などに親しみ、興味をもって聞き、想像をする楽しさを味わう。

(10) 日常生活の中で、文字などで伝える楽しさを味わう。

3　内容の取扱い

上記の取扱いに当たっては、次の事項に留意する必要がある。

(1) 言葉は、身近な人に親しみをもって接し、自分の感情や意志などを伝え、それに相手が応答し、その言葉を聞くことを通して次第に獲得されていくものであることを考慮して、幼児が教師や他の幼児と関わることにより心を動かされるような体験をし、言葉を交わす喜びを味わえるようにすること。

(2) 幼児が自分の思いを言葉で伝えるとともに、教師や他の幼児などの話を興味をもって注意して聞くことを通して次第に話を理解するようになっていき、言葉に

よる伝え合いができるようにすること。
(3) 絵本や物語などで、その内容と自分の経験とを結び付けたり、想像を巡らせたりするなど、楽しみを十分に味わうことによって、次第に豊かなイメージをもち、言葉に対する感覚が養われるようにすること。
(4) 幼児が生活の中で、言葉の響きやリズム、新しい言葉や表現などに触れ、これらを使う楽しさを味わえるようにすること。その際、絵本や物語に親しんだり、言葉遊びなどをしたりすることを通して、言葉が豊かになるようにすること。
(5) 幼児が日常生活の中で、文字などを使いながら思ったことや考えたことを伝える喜びや楽しさを味わい、文字に対する興味や関心をもつようにすること。

表現

〔感じたことや考えたことを自分なりに表現することを通して、豊かな感性や表現する力を養い、創造性を豊かにする。〕

1 ねらい
(1) いろいろなものの美しさなどに対する豊かな感性をもつ。
(2) 感じたことや考えたことを自分なりに表現して楽しむ。
(3) 生活の中でイメージを豊かにし、様々な表現を楽しむ。

2 内容
(1) 生活の中で様々な音、形、色、手触り、動きなどに気付いたり、感じたりするなどして楽しむ。
(2) 生活の中で美しいものや心を動かす出来事に触れ、イメージを豊かにする。
(3) 様々な出来事の中で、感動したことを伝え合う楽しさを味わう。
(4) 感じたこと、考えたことなどを音や動きなどで表現したり、自由にかいたり、つくったりなどする。
(5) いろいろな素材に親しみ、工夫して遊ぶ。
(6) 音楽に親しみ、歌を歌ったり、簡単なリズム楽器を使ったりなどする楽しさを味わう。
(7) かいたり、つくったりすることを楽しみ、遊びに使ったり、飾ったりなどする。
(8) 自分のイメージを動きや言葉などで表現したり、演じて遊んだりするなどの楽しさを味わう。

3 内容の取扱い
上記の取扱いに当たっては、次の事項に留意する必要がある。
(1) 豊かな感性は、身近な環境と十分に関わる中で美しいもの、優れたもの、心を動かす出来事などに出会い、そこから得た感動を他の幼児や教師と共有し、様々に表現することなどを通して養われるようにすること。その際、風の音や雨の音、身近にある草や花の形や色など自然の中にある音、形、色などに気付くようにすること。
(2) 幼児の自己表現は素朴な形で行われることが多いので、教師はそのような表現を受容し、幼児自身の表現しようとする意欲を受け止めて、幼児が生活の中で幼児らしい様々な表現を楽しむことができるようにすること。
(3) 生活経験や発達に応じ、自ら様々な表現を楽しみ、表現する意欲を十分に発揮させることができるように、遊具や用具などを整えたり、様々な素材や表現の仕方に親しんだり、他の幼児の表現に触れられるよう配慮したりし、表現する過程を大切にして自己表現を楽しめるように工夫すること。

◎保育所保育指針 —— 抜粋
(平成29年　厚生労働省 告示)

第2章　ねらい及び内容

1　乳児保育に関わるねらい及び内容

(1)　基本的事項
ア　乳児期の発達については、視覚、聴覚などの感覚や、座る、はう、歩くなどの運動機能が著しく発達し、特定の大人との応答的な関わりを通じて、情緒的な絆（きずな）が形成されるといった特徴がある。これらの発達の特徴を踏まえて、乳児保育は、愛情豊かに、応答的に行われることが特に必要である。

イ　本項においては、この時期の発達の特徴を踏まえ、乳児保育の「ねらい」及び「内容」については、身体的発達に関する視点「健やかに伸び伸びと育つ」、社会的発達に関する視点「身近な人と気持ちが通じ合う」及び精神的発達に関する視点「身近なものと関わり感性が育つ」としてまとめ、示している。

ウ　本項の各視点において示す保育の内容は、第1章の2に示された養護における「生命の保持」及び「情緒の安定」に関わる保育の内容と、一体となって展開されるものであることに留意が必要である。

(2)　ねらい及び内容
ア　健やかに伸び伸びと育つ
健康な心と体を育て、自ら健康で安全な生活をつくり出す力の基盤を培う。

(ア) ねらい
① 身体感覚が育ち、快適な環境に心地よさを感じる。
② 伸び伸びと体を動かし、はう、歩くなどの運動をしようとする。
③ 食事、睡眠等の生活のリズムの感覚が芽生える。

(イ) 内容
① 保育士等の愛情豊かな受容の下で、生理的・心理的欲求を満たし、心地よく生活をする。
② 一人一人の発育に応じて、はう、立つ、歩くなど、十分に体を動かす。
③ 個人差に応じて授乳を行い、離乳を進めていく中で、様々な食品に少しずつ慣れ、食べることを楽しむ。
④ 一人一人の生活のリズムに応じて、安全な環境の下で十分に午睡をする。
⑤ おむつ交換や衣服の着脱などを通じて、清潔になることの心地よさを感じる。

(ウ) 内容の取扱い
上記の取扱いに当たっては、次の事項に留意する必要がある。
① 心と体の健康は、相互に密接な関連があるものであることを踏まえ、温かい触れ合いの中で、心と体の発達を促すこと。特に、寝返り、お座り、はいはい、つかまり立ち、伝い歩きなど、発育に応じて、遊びの中で体を動かす機会を十分に確保し、自ら体を動かそうとする意欲が育つようにすること。
② 健康な心と体を育てるためには望ましい食習慣の形成が重要であることを踏まえ、離乳食が完了期へと徐々に移行する中で、様々な食品に慣れるようにするとともに、和やかな雰囲気の中で食べる喜びや楽しさを味わい、進んで食べようとする気持ちが育つようにすること。なお、食物アレルギーのある子どもへの対応については、嘱託医等の指示や協力の下に適切に

対応すること。
イ 身近な人と気持ちが通じ合う
　受容的・応答的な関わりの下で、何かを伝えようとする意欲や身近な大人との信頼関係を育て、人と関わる力の基盤を培う。
（ア）ねらい
① 安心できる関係の下で、身近な人と共に過ごす喜びを感じる。
② 体の動きや表情、発声等により、保育士等と気持ちを通わせようとする。
③ 身近な人と親しみ、関わりを深め、愛情や信頼感が芽生える。
（イ）内容
① 子どもからの働きかけを踏まえた、応答的な触れ合いや言葉がけによって、欲求が満たされ、安定感をもって過ごす。
② 体の動きや表情、発声や喃語等を優しく受け止めてもらい、保育士等とのやり取りを楽しむ。
③ 生活や遊びの中で、自分の身近な人の存在に気付き、親しみの気持ちを表す。
④ 保育士等による語りかけや歌いかけ、発声や喃語等への応答を通じて、言葉の理解や発語の意欲が育つ。
⑤ 温かく、受容的な関わりを通じて、自分を肯定する気持ちが芽生える。
（ウ）内容の取扱い
　上記の取扱いに当たっては、次の事項に留意する必要がある。
① 保育士等との信頼関係に支えられて生活を確立していくことが人と関わる基盤となることを考慮して、子どもの多様な感情を受け止め、温かく受容的・応答的に関わり、一人一人に応じた適切な援助を行うようにすること。
② 身近な人に親しみをもって接し、自分の感情などを表し、それに相手が応答する言葉を聞くことを通して、次第に言葉が獲得されていくことを考慮して、楽しい雰囲気の中での保育士等との関わり合いを大切にし、ゆっくりと優しく話しかけるなど、積極的に言葉のやり取りを楽しむことができるようにすること。

ウ 身近なものと関わり感性が育つ
　身近な環境に興味や好奇心をもって関わり、感じたことや考えたことを表現する力の基盤を培う。
（ア）ねらい
① 身の回りのものに親しみ、様々なものに興味や関心をもつ。
② 見る、触れる、探索するなど、身近な環境に自分から関わろうとする。
③ 身体の諸感覚による認識が豊かになり、表情や手足、体の動き等で表現する。
（イ）内容
① 身近な生活用具、玩具や絵本などが用意された中で、身の回りのものに対する興味や好奇心をもつ。
② 生活や遊びの中で様々なものに触れ、音、形、色、手触りなどに気付き、感覚の働きを豊かにする。
③ 保育士等と一緒に様々な色彩や形のものや絵本などを見る。
④ 玩具や身の回りのものを、つまむ、つかむ、たたく、引っ張るなど、手や指を使って遊ぶ。
⑤ 保育士等のあやし遊びに機嫌よく応じたり、歌やリズムに合わせて手足や体を動かして楽しんだりする。
（ウ）内容の取扱い
　上記の取扱いに当たっては、次の事項に留意する必要がある。
① 玩具などは、音質、形、色、大きさなど子どもの発達状態に応じて適切なもの

を選び、その時々の子どもの興味や関心を踏まえるなど、遊びを通して感覚の発達が促されるものとなるように工夫すること。なお、安全な環境の下で、子どもが探索意欲を満たして自由に遊べるよう、身の回りのものについては、常に十分な点検を行うこと。
② 乳児期においては、表情、発声、体の動きなどで、感情を表現することが多いことから、これらの表現しようとする意欲を積極的に受け止めて、子どもが様々な活動を楽しむことを通して表現が豊かになるようにすること。

(3) 保育の実施に関わる配慮事項

ア 乳児は疾病への抵抗力が弱く、心身の機能の未熟さに伴う疾病の発生が多いことから、一人一人の発育及び発達状態や健康状態についての適切な判断に基づく保健的な対応を行うこと。

イ 一人一人の子どもの生育歴の違いに留意しつつ、欲求を適切に満たし、特定の保育士が応答的に関わるように努めること。

ウ 乳児保育に関わる職員間の連携や嘱託医との連携を図り、第3章に示す事項を踏まえ、適切に対応すること。栄養士及び看護師等が配置されている場合は、その専門性を生かした対応を図ること。

エ 保護者との信頼関係を築きながら保育を進めるとともに、保護者からの相談に応じ、保護者への支援に努めていくこと。

オ 担当の保育士が替わる場合には、子どものそれまでの生育歴や発達過程に留意し、職員間で協力して対応すること。

2 1歳以上3歳未満児の保育に関わるねらい及び内容

(1) 基本的事項

ア この時期においては、歩き始めから、歩く、走る、跳ぶなどへと、基本的な運動機能が次第に発達し、排泄の自立のための身体的機能も整うようになる。つまむ、めくるなどの指先の機能も発達し、食事、衣類の着脱なども、保育士等の援助の下で自分で行うようになる。発声も明瞭になり、語彙も増加し、自分の意思や欲求を言葉で表出できるようになる。このように自分でできることが増えてくる時期であることから、保育士等は、子どもの生活の安定を図りながら、自分でしようとする気持ちを尊重し、温かく見守るとともに、愛情豊かに、応答的に関わることが必要である。

イ 本項においては、この時期の発達の特徴を踏まえ、保育の「ねらい」及び「内容」について、心身の健康に関する領域「健康」、人との関わりに関する領域「人間関係」、身近な環境との関わりに関する領域「環境」、言葉の獲得に関する領域「言葉」及び感性と表現に関する領域「表現」としてまとめ、示している。

ウ 本項の各領域において示す保育の内容は、第1章の2に示された養護における「生命の保持」及び「情緒の安定」に関わる保育の内容と、一体となって展開されるものであることに留意が必要である。

(2) ねらい及び内容
ア 健康
健康な心と体を育て、自ら健康で安全な生活をつくり出す力を養う。

(ア) ねらい
① 明るく伸び伸びと生活し、自分から体を動かすことを楽しむ。
② 自分の体を十分に動かし、様々な動きをしようとする。
③ 健康、安全な生活に必要な習慣に気付き、自分でしてみようとする気持ちが育つ。

(イ) 内容
① 保育士等の愛情豊かな受容の下で、安定感をもって生活をする。
② 食事や午睡、遊びと休息など、保育所における生活のリズムが形成される。
③ 走る、跳ぶ、登る、押す、引っ張るなど全身を使う遊びを楽しむ。
④ 様々な食品や調理形態に慣れ、ゆったりとした雰囲気の中で食事や間食を楽しむ。
⑤ 身の回りを清潔に保つ心地よさを感じ、その習慣が少しずつ身に付く。
⑥ 保育士等の助けを借りながら、衣類の着脱を自分でしようとする。
⑦ 便器での排泄に慣れ、自分で排泄ができるようになる。

(ウ) 内容の取扱い
上記の取扱いに当たっては、次の事項に留意する必要がある。
① 心と体の健康は、相互に密接な関連があるものであることを踏まえ、子どもの気持ちに配慮した温かい触れ合いの中で、心と体の発達を促すこと。特に、一人一人の発育に応じて、体を動かす機会を十分に確保し、自ら体を動かそうとする意欲が育つようにすること。
② 健康な心と体を育てるためには望ましい食習慣の形成が重要であることを踏まえ、ゆったりとした雰囲気の中で食べる喜びや楽しさを味わい、進んで食べようとする気持ちが育つようにすること。なお、食物アレルギーのある子どもへの対応については、嘱託医等の指示や協力の下に適切に対応すること。
③ 排泄の習慣については、一人一人の排尿間隔等を踏まえ、おむつが汚れていないときに便器に座らせるなどにより、少しずつ慣れさせるようにすること。
④ 食事、排泄、睡眠、衣類の着脱、身の回りを清潔にすることなど、生活に必要な基本的な習慣については、一人一人の状態に応じ、落ち着いた雰囲気の中で行うようにし、子どもが自分でしようとする気持ちを尊重すること。また、基本的な生活習慣の形成に当たっては、家庭での生活経験に配慮し、家庭との適切な連携の下で行うようにすること。

イ 人間関係
他の人々と親しみ、支え合って生活するために、自立心を育て、人と関わる力を養う。

(ア) ねらい
① 保育所での生活を楽しみ、身近な人と関わる心地よさを感じる。
② 周囲の子ども等への興味や関心が高まり、関わりをもとうとする。
③ 保育所の生活の仕方に慣れ、きまりの大切さに気付く。

(イ) 内容
① 保育士等や周囲の子ども等との安定した関係の中で、共に過ごす心地よさを感じる。
② 保育士等の受容的・応答的な関わりの中で、欲求を適切に満たし、安定感をもって過ごす。
③ 身の回りに様々な人がいることに気付き、徐々に他の子どもと関わりをもって遊ぶ。
④ 保育士等の仲立ちにより、他の子どもとの関わり方を少しずつ身につける。

⑤ 保育所の生活の仕方に慣れ、きまりがあることや、その大切さに気付く。
⑥ 生活や遊びの中で、年長児や保育士等の真似をしたり、ごっこ遊びを楽しんだりする。

(ウ) 内容の取扱い

上記の取扱いに当たっては、次の事項に留意する必要がある。

① 保育士等との信頼関係に支えられて生活を確立するとともに、自分で何かをしようとする気持ちが旺盛になる時期であることに鑑み、そのような子どもの気持ちを尊重し、温かく見守るとともに、愛情豊かに、応答的に関わり、適切な援助を行うようにすること。
② 思い通りにいかない場合等の子どもの不安定な感情の表出については、保育士等が受容的に受け止めるとともに、そうした気持ちから立ち直る経験や感情をコントロールすることへの気付き等につなげていけるように援助すること。
③ この時期は自己と他者との違いの認識がまだ十分ではないことから、子どもの自我の育ちを見守るとともに、保育士等が仲立ちとなって、自分の気持ちを相手に伝えることや相手の気持ちに気付くことの大切さなど、友達の気持ちや友達との関わり方を丁寧に伝えていくこと。

ウ 環境

周囲の様々な環境に好奇心や探究心をもって関わり、それらを生活に取り入れていこうとする力を養う。

(ア) ねらい

① 身近な環境に親しみ、触れ合う中で、様々なものに興味や関心をもつ。
② 様々なものに関わる中で、発見を楽しんだり、考えたりしようとする。
③ 見る、聞く、触るなどの経験を通して、感覚の働きを豊かにする。

(イ) 内容

① 安全で活動しやすい環境での探索活動等を通して、見る、聞く、触れる、嗅ぐ、味わうなどの感覚の働きを豊かにする。
② 玩具、絵本、遊具などに興味をもち、それらを使った遊びを楽しむ。
③ 身の回りの物に触れる中で、形、色、大きさ、量などの物の性質や仕組みに気付く。
④ 自分の物と人の物の区別や、場所的感覚など、環境を捉える感覚が育つ。
⑤ 身近な生き物に気付き、親しみをもつ。
⑥ 近隣の生活や季節の行事などに興味や関心をもつ。

(ウ) 内容の取扱い

上記の取扱いに当たっては、次の事項に留意する必要がある。

① 玩具などは、音質、形、色、大きさなど子どもの発達状態に応じて適切なものを選び、遊びを通して感覚の発達が促されるように工夫すること。
② 身近な生き物との関わりについては、子どもが命を感じ、生命の尊さに気付く経験へとつながるものであることから、そうした気付きを促すような関わりとなるようにすること。
③ 地域の生活や季節の行事などに触れる際には、社会とのつながりや地域社会の文化への気付きにつながるものとなることが望ましいこと。その際、保育所内外の行事や地域の人々との触れ合いなどを通して行うこと等も考慮すること。

エ 言葉

経験したことや考えたことなどを自分なりの言葉で表現し、相手の話す言葉を聞

こうとする意欲や態度を育て、言葉に対する感覚や言葉で表現する力を養う。
（ア）ねらい
① 言葉遊びや言葉で表現する楽しさを感じる。
② 人の言葉や話などを聞き、自分でも思ったことを伝えようとする。
③ 絵本や物語等に親しむとともに、言葉のやり取りを通じて身近な人と気持ちを通わせる。
（イ）内容
① 保育士等の応答的な関わりや話しかけにより、自ら言葉を使おうとする。
② 生活に必要な簡単な言葉に気付き、聞き分ける。
③ 親しみをもって日常の挨拶に応じる。
④ 絵本や紙芝居を楽しみ、簡単な言葉を繰り返したり、模倣をしたりして遊ぶ。
⑤ 保育士等とごっこ遊びをする中で、言葉のやり取りを楽しむ。
⑥ 保育士等を仲立ちとして、生活や遊びの中で友達との言葉のやり取りを楽しむ。
⑦ 保育士等や友達の言葉や話に興味や関心をもって、聞いたり、話したりする。
（ウ）内容の取扱い
　上記の取扱いに当たっては、次の事項に留意する必要がある。
① 身近な人に親しみをもって接し、自分の感情などを伝え、それに相手が応答し、その言葉を聞くことを通して、次第に言葉が獲得されていくものであることを考慮して、楽しい雰囲気の中で保育士等との言葉のやり取りができるようにすること。
② 子どもが自分の思いを言葉で伝えるとともに、他の子どもの話などを聞くことを通して、次第に話を理解し、言葉による伝え合いができるようになるよう、気持ちや経験等の言語化を行うことを援助するなど、子ども同士の関わりの仲立ちを行うようにすること。
③ この時期は、片言から、二語文、ごっこ遊びでのやり取りができる程度へと、大きく言葉の習得が進む時期であることから、それぞれの子どもの発達の状況に応じて、遊びや関わりの工夫など、保育の内容を適切に展開することが必要であること。

オ　表現
　感じたことや考えたことを自分なりに表現することを通して、豊かな感性や表現する力を養い、創造性を豊かにする。
（ア）ねらい
① 身体の諸感覚の経験を豊かにし、様々な感覚を味わう。
② 感じたことや考えたことなどを自分なりに表現しようとする。
③ 生活や遊びの様々な体験を通して、イメージや感性が豊かになる。
（イ）内容
① 水、砂、土、紙、粘土など様々な素材に触れて楽しむ。
② 音楽、リズムやそれに合わせた体の動きを楽しむ。
③ 生活の中で様々な音、形、色、手触り、動き、味、香りなどに気付いたり、感じたりして楽しむ。
④ 歌を歌ったり、簡単な手遊びや全身を使う遊びを楽しんだりする。
⑤ 保育士等からの話や、生活や遊びの中での出来事を通して、イメージを豊かにする。
⑥ 生活や遊びの中で、興味のあることや経験したことなどを自分なりに表現する。
（ウ）内容の取扱い
　上記の取扱いに当たっては、次の事項に留意する必要がある。

① 子どもの表現は、遊びや生活の様々な場面で表出されているものであることから、それらを積極的に受け止め、様々な表現の仕方や感性を豊かにする経験となるようにすること。
② 子どもが試行錯誤しながら様々な表現を楽しむことや、自分の力でやり遂げる充実感などに気付くよう、温かく見守るとともに、適切に援助を行うようにすること。
③ 様々な感情の表現等を通じて、子どもが自分の感情や気持ちに気付くようになる時期であることに鑑み、受容的な関わりの中で自信をもって表現をすることや、諦めずに続けた後の達成感等を感じられるような経験が蓄積されるようにすること。
④ 身近な自然や身の回りの事物に関わる中で、発見や心が動く経験が得られるよう、諸感覚を働かせることを楽しむ遊びや素材を用意するなど保育の環境を整えること。

(3) 保育の実施に関わる配慮事項

ア 特に感染症にかかりやすい時期であるので、体の状態、機嫌、食欲などの日常の状態の観察を十分に行うとともに、適切な判断に基づく保健的な対応を心がけること。

イ 探索活動が十分できるように、事故防止に努めながら活動しやすい環境を整え、全身を使う遊びなど様々な遊びを取り入れること。

ウ 自我が形成され、子どもが自分の感情や気持ちに気付くようになる重要な時期であることに鑑み、情緒の安定を図りながら、子どもの自発的な活動を尊重するとともに促していくこと。

エ 担当の保育士が替わる場合には、子どものそれまでの経験や発達過程に留意し、職員間で協力して対応すること。

【監修者紹介】

谷田貝公昭（やたがい・まさあき）
　　目白大学名誉教授

［主な著書］『しつけ事典』（監修、一藝社、2013年）、『新版・保育用語辞典』（編集代表、一藝社、2016年）、『実践・保育内容シリーズ［全6巻］』（監修、一藝社、2014～2015年）、『絵でわかるこどものせいかつずかん［全4巻］』（監修、合同出版、2012年）ほか多数

石橋哲成　（いしばし・てつなり）
　　玉川大学名誉教授、田園調布学園大学大学院教授

［主な著書］『ペスタロッチー・フレーベル事典』（共編著、玉川大学出版部、2006年）、『ペスタロッチー・フレーベルと日本の近代教育』（共著、玉川大学出版部、2009年）、『新版・保育用語辞典』（共編著、一藝社、2016年）ほか多数

【編著者紹介】

髙玉和子（たかたま・かずこ）
　　駒沢女子短期大学保育科教授

［主な著書］『新版・保育用語辞典』（編集委員、一藝社、2016年）、『新版　児童家庭福祉論』＜保育者養成シリーズ＞（編著、一藝社、2015年）、『実践力がつく保育実習』（編著、大学図書出版、2014年）、『保育相談支援』＜保育者養成シリーズ＞（編著、一藝社　2013年）、ほか多数。

大野　地平（おおの・ちへい）
　　聖徳大学短期大学部　保育科　講師

［主な著書］『保育相談支援』　共著　一藝社　2012年　『相談援助』共著　一藝社　2012年、『社会福祉形成史と現状課題』　共著　学文社　2009年　『地域福祉の原理と方法』　共著　学文社　2008年　『社会福祉援助の基本体系』　共著　勁草書房　2007年　他

【執筆者紹介】（五十音順）

赤瀬川 修（あかせがわ・おさむ）　［第7章］
　　鹿児島女子短期大学講師

大野地平（おおの・ちへい）　［第10章］［第6章］
　　〈編著者紹介参照〉

古野愛子（この・あいこ）　［第14章］
　　福岡子ども短期大学講師

小山貴博（こやま・たかひろ）　［第3章］
　　函館大谷短期大学助教

佐久間美智雄（さくま・みちお）　［第12章］
　　東北文教大学准教授

白澤宏明（しらさわ・ひろあき）　［第15章］
　　専修大学北上福祉教育専門学校専任講師

髙玉和子（たかたま・かずこ）　［第1章］［第4章］
　　〈編著者紹介参照〉

竹田和樹（たけだ・かずき）　［第13章］
　　群馬社会福祉専門学校専任教員

谷 真弓（たに・まゆみ）　　　　［第9章］
　箕面学園福祉保育専門学校専任講師

谷口 卓（たにぐち・たかし）　　［第6章］
　大阪総合福祉専門学校専任教員

田村知栄子（たむら・ちえこ）　　［第8章］
　東洋大学助教

中村卓治（なかむら・たくじ）　　［第2章］
　広島文教女子大学教授

中村年男（なかむら・としお）　　［第11章］
　志學館大学准教授

橋本好広（はしもと・よしひろ）　［第5章］
　足利短期大学講師

吉川知巳（よしかわ・ともみ）　　［第4章］
　大阪総合福祉専門学校専任教員

装丁（デザイン）齋藤視倭子
　　（イラスト）宮林道夫
図表作成　　　本田いく

コンパクト版保育者養成シリーズ
新版 相談援助

2018年3月30日　初版第1刷発行

監修者　谷田貝 公昭・石橋 哲成
編著者　髙玉 和子・大野 地平
発行者　菊池 公男

発行所　一藝社
〒160-0022　東京都新宿区内藤町1-6
Tel. 03-5312-8890　Fax. 03-5312-8895
E-mail : info@ichigeisha.co.jp
HP : http://www.ichigeisha.co.jp
振替　東京 00180-5-350802
印刷・製本　シナノ書籍印刷株式会社

©Masaaki Yatagai, Tetsunari Ishibashi 2018 Printed in Japan
ISBN 978-4-86359-143-1 C3037
乱丁・落丁本はお取り替えいたします